Puderzucker an der Waffel –

Wie die Psyche im Gleichgewicht bl

© Andi Weiland

Jana Hauschild hat Psychologie studiert und arbeitet als Journalistin für verschiedene Medien, zum Beispiel *Psychologie Heute, Süddeutsche Zeitung* oder für die *Stiftung Warentest*. Sie schreibt vor allem über psychische Gesundheit. Außerdem hat sie zehn Jahre lang als Trainerin Kinder und Jugendliche in einem Ruderverein betreut und ist dort nun für den Kinderschutz zuständig.

Jana Hauschild

Puderzucker an der Waffel

Wie die Psyche im Gleichgewicht bleibt

CARLSEN

Wir produzieren nachhaltig
- Klimaneutrales Produkt
- Papiere aus nachhaltigen und kontrollierten Quellen
- Hergestellt in Europa

FSC
www.fsc.org
MIX
Papier | Fördert gute Waldnutzung
FSC® C021394

Originalausgabe
Oktober 2024

Völckersstraße 14–20, 22765 Hamburg
Umschlaggestaltung, Umschlag- und Innenillustrationen: formlabor
Lektorat: Franziska Leuchtenberger
Satz: Dörlemann Satz, Lemförde
Herstellung: Karen Kollmetz
ISBN 978-3-551-32164-0

Für Sora

Inhalt

EINLEITUNG
AUCH DU KENNST JEMANDEN

Oder: Warum soll ich das denn lesen?

Alle Karten auf den Tisch: In meiner Familie fallen mir direkt mehrere Menschen ein, die schon mal in Psychotherapie waren oder es noch sind. Zwei waren deswegen sogar schon mal in einer Klinik, zwei andere zur Reha. Sie haben und hatten Depressionen, eine Sucht oder wurden von Halluzinationen und Wahngedanken geplagt. Trotzdem sind wir eine ganz normale Familie.

Denn: Psychische Erkrankungen sind Teil des Lebens.

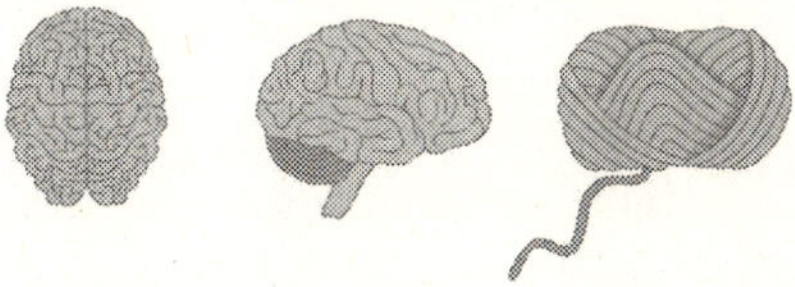

Wir alle kennen jemanden

Jede dritte Person erkrankt in ihrem Leben einmal an einer psychischen Störung. Das hat bereits 2012 eine umfangreiche Erhebung des Robert-Koch-Instituts ergeben. Wenn du also in deiner Familie samt Onkeln, Tanten, Großeltern und Cousins und Cousinen 21 Familienmitglieder zählst, dann haben sieben von ihnen statistisch gesehen im Leben mindestens einmal mit mentalen Problemen zu kämpfen.

Den Blick kann man noch weiter fassen. In der Schulklasse, im Sportverein und im Freundeskreis: Überall gibt es Menschen mit psychischen Beschwerden. Und das ist normal. Denn so wie unser Körper mal schlappmacht (Schnupfen, Beinbruch, Kopfschmerzen), passiert das auch der Psyche.

Wir sind keine Maschinen. Und selbst wenn wir es wären: Auch technischen Geräten fehlt mal ein Update oder sie erleiden einen Kurzschluss.

Trotzdem: Psychische Störungen sind irgendwie unerwünscht. Oft werden sie verheimlicht, solange es geht. Niemand will sie. Klar, sie können ein ganzes Leben lahmlegen oder einen zumindest eine längere Zeit aus der Bahn werfen. Aber: Das kann eine Grippe auch, oder Corona. Dennoch verschweigen wir Rotz und Husten nicht so oft wie eine Depression oder Angststörungen.

Auf den inneren Alarm hören

Dabei haben mentale Probleme sogar eine hilfreiche Seite: Sie zeigen uns an, wenn etwas zu viel für uns ist und wir uns Gutes tun müssen.

Auf diesen inneren Alarm sollten wir unbedingt hören und etwas unternehmen, wenn er schrillt. Einen Gang herunterschalten. Und zwar so früh wie möglich.

Stattdessen lachen viele seelisches Leid eher weg, nehmen es nicht so ernst oder wollen damit nichts zu tun haben.

Die Folge: Wenn es dann doch ernster wird, fehlen die Worte für etwas, über das man nie zu sprechen gelernt hat.

Und die innere Hürde, sich helfen zu lassen, ist noch höher als ohnehin schon.

Wir alle können in die gleiche Lage kommen

Wer Krebs bekommt, erhält Unterstützung im Alltag und Fürsorge von anderen. Anders verhalten wir uns bei Erkrankungen der Seele. Wer sich verfolgt fühlt und wirr redet, wird gemieden. Wer zu viel trinkt oder Drogen nimmt, ist nach Meinung vieler selbst schuld daran. Wir wenden uns ab, bieten seltener Hilfe an.

Dabei sind Psychosen mit Wahn und Halluzination, Drogensucht und Krebs in mindestens zwei Aspekten identisch: Es sind Erkrankungen – und die Menschen brauchen meist Unterstützung. Von uns und von Gesundheitsprofis.

Und wir alle könnten in die gleiche Lage kommen.

Zeit also, Vorurteile abzulegen und stattdessen mehr darüber zu erfahren, was da im Kopf los ist. Und darüber, wie man ihn gesund hält

Und was bringt mir jetzt das Buch?

Ich würde gern versprechen, dass ihr auf den nächsten Seiten alles, wirklich ALLES, über psychische Gesundheit erfahren werdet und danach immer gesund durchs Leben geht.

Das kann ich aber nicht.

Wir ticken zwar alle irgendwie ähnlich, aber doch tickt jeder etwas anders. Das gilt in gesunden wie in kranken Zeiten.

Deshalb gibt es hier auch kein Patentrezept, um auf immer und ewig mental im Lot zu bleiben. Aber ein paar Ideen, wie ihr in diese Richtung steuern könnt. Oder wieder auf Kurs kommt. Denn das geht.

Versprochen.

KAPITEL 1
PUDERZUCKER AN DER WAFFEL

Jugend und psychische Gesundheit

Was psychische Gesundheit benötigt, ist mehr Sonnenlicht, mehr Offenheit, mehr schamfreie Gespräche
(Glenn Close, Schauspielerin)

Einen an der Waffel

Die schlechte Nachricht zuerst: In keinem Alter ist das Risiko, seelisch zu erkranken, so hoch wie in der Jugend.

Was für ein niederschmetternder Beginn bei einem Buch, das mit süßen Teigwaren lockt. Wo ist denn da jetzt der Puderzucker?

Nun ja: »Einen an der Waffel haben« ist eine alte Redensart. Mit der Waffel ist der Kopf gemeint. Man drückt damit aus, dass jemand anders ist, durch seine Art und Weise auffällt – oder psychisch erkrankt wirkt.

Zu dem Puderzucker kommen wir später noch.

Vorerst braucht es aber ein paar Zahlen und Fakten dazu, warum es wichtig ist, sich mit der eigenen Waffel zu beschäftigen.

Etwa 75 Prozent aller psychischen Erkrankungen beginnen vor dem 25. Lebensjahr. Angst, Depression, Psychosen: Die allermeisten seelischen Leiden nehmen also ihren Anfang noch während der Schulzeit, in der Ausbildung oder dem Studium, vielleicht auch bevor man bei den Eltern ausgezogen ist, die erste richtig ernste Beziehung hat oder wirklich weiß, was man im Leben will. Ein denkbar ungünstiger Moment für mentale Beschwerden.

Und dazu kommt noch ein weiteres Problem: Wer in der Jugend psychisch erkrankt, neigt dazu, auch im späteren Leben eher mal seelische Probleme zu haben.

Es macht also Sinn, sich schon in jungen Jahren mit der Psyche ein wenig auszukennen. Dazu gehört auch, Probleme erkennen und darauf reagieren zu können. Oder sie gar nicht erst entstehen zu lassen. #puderzucker

Warum trifft es vor allem Jugendliche?

So genau kann das keiner sagen. Aber es gibt ein paar Theorien. In der Lebensphase zwischen 12 und 25 Jahren beginnen massive Umbauarbeiten am Körper – und im Gehirn. Unmengen an Hormonen werden in dieser Zeit im Körper ausgeschüttet. Sie befeuern vor allem die Region im Gehirn, die für Gefühle zuständig ist. Junge Menschen empfinden deshalb oft besonders viel und besonders intensiv.

Gleichzeitig ist genau das Gebiet im Kopf, das dabei hilft, Dinge zu überdenken und übereilte Handlungen zu vermeiden, noch nicht zu Ende ausgeformt. Es hinkt hinterher.

Die Folge: In der Jugend lassen sich Menschen vor allem von spontanen Gefühlen leiten und handeln eher impulsiv, also ohne drüber nachzudenken und aus dem Bauch heraus. Freude, Trauer, Wut: Sie sind heftiger spürbar als in anderen Lebensphasen. Sie verleiten auch mal zu übereilten Taten, wie zornige Voicemails, die man am Tag drauf lieber nicht gesandt haben möchte. Liebeskummer, der einen lähmt. Häufiges Verknalltsein, oder eine viel zu dicke rosarote Brille.

An sich ist das Ungleichgewicht nicht schlimm. Das alles hat durchaus einen tieferen Sinn. Durch die Schieflage zwischen intensivem Fühlen und zu wenig Handbremse sind junge Menschen besonders flexibel im Kopf. Sie können sich schnell an Neues gewöhnen und dazulernen. Und genau das braucht man ja in der Jugend – denn es verändert sich einfach die ganze Zeit etwas.

Das führt zum zweiten Punkt, der Jugendliche eher anfällig für psychische Probleme machen kann. Umbrüche und Veränderungen sind für jeden Menschen eine Herausforderung. Unbekannte Situationen, neue Verhaltensweisen, fremde Menschen und andere Orte: In jedem Alter sind Umbrüche aufregend, aber auch belastend und stressig. Sie verbrauchen Energie.

Jugendlichen macht das meist nichts aus. Aber gleichzeitig ist die ganze Jugend ein einziger Umbruch. 24/7. Alles neu, alles unbekannt. Wie geht es weiter? Wo geht es hin? Was habe ich zu tun? Was möchte ich tun?

Zeitgleich schweben junge Menschen spätestens ab der Oberstufe zwischen Können-Müssen und Noch-nicht-Dürfen. Gegensätze prallen aufeinander. Auch das ist etwas, das den Geist herausfordert.

So vieles, was junge Menschen schon machen wollen und können – aber oft nicht dürfen. So vieles, was man von ihnen verlangt – und zugleich nicht gestattet.

Die Erwachsenen wollen, dass Jugendliche

- selbst entscheiden – und auf sie hören
- Dinge allein regeln – und sie vorher fragen
- Erfahrungen sammeln – aber vorsichtig sind

Zur selben Zeit rollen auf Jugendliche scheinbar immer größer werdende Erwartungen zu: Verantwortung übernehmen. Die Zukunft im Blick haben. Schule meistern. Lässig bleiben. Gut aussehen. Dazugehören. Zuverlässig sein. Die »richtigen« Freunde haben.

Gar nicht so leicht, da das Tempo zu halten und dabei nicht ins Straucheln zu geraten.

Kein Wunder also, dass die Jugend nicht nur die wildeste und aufregendste Zeit ist. Sondern auch die, in der wir Menschen wahrscheinlich am verletzlichsten sind.

Und wo bleibt der Puderzucker?

Kommt sofort. Noch eine kleine Erzählung vorweg.

> Zwei Schüler hüpfen von einem Gerüst, beide landen schmerzhaft. Der eine verstaucht sich den Knöchel, humpelt eine Woche und dann ist es wieder gut. Der andere hat weniger stabiles Knochengewebe und bricht sich das Bein. Er muss in die Notaufnahme, bekommt einen Gips und über Wochen kann er nur mit Krücken laufen.

Nicht so viel anders läuft es bei psychischen Erkrankungen.

> Zwei Schülerinnen haben großen Stress in der Schule: viele Hausaufgaben plus Prüfungen plus Ferienjobsuche. Beide werden von ihren Mitschülerinnen und Mitschülern gemobbt und mit gemeinen Sprüchen aufgezogen. Die eine macht die Situation fertig, aber sie kommt einigermaßen zurecht und ist nach einem kleinen Tief wieder gut drauf und voller Zuversicht. Die andere bricht zusammen, weint über Tage hinweg und hegt massive Zweifel an sich selbst. Sie kann sich zu nichts mehr aufraffen, wird depressiv. Sie braucht professionelle Hilfe.

Was unterscheidet die beiden? Sie sind in einem unterschiedlichen Ausmaß verletzlich, von Geburt an. Aber vielleicht sind sie auch anders mit ihren Problemen umgegangen.

Die Erste hat sich möglicherweise an ihre Eltern gewandt und um Hilfe gebeten. Sie hat eventuell Freundinnen und Freunde außerhalb der Schule, die sie schätzen und unterstützen – und damit die Abwertungen aus der Schule abfedern. Kann sein, dass sie etwas unternommen hat, um das Mobbing zu stoppen. Oder sie hat ein paar Kniffe angewandt, mit denen sie sich von dem Stress ablenken konnte oder sich selbst zu guter Laune verholfen hat.

Sie hat Puderzucker auf ihre Waffel gestreut.

Puderzucker an der Waffel

Jeder Mensch kann psychisch erkranken. Jeder Mensch kann in eine seelische Krise geraten.

Aber kein Mensch ist dem ganz und gar machtlos ausgeliefert. Wir alle können etwas für unsere psychische Gesundheit tun. Wie wir die Welt sehen, was wir denken, wie wir mit Gefühlen umgehen oder was wir tagtäglich tun, all das beeinflusst unser seelisches Wohlbefinden. Wenn wir uns darum kümmern, tun wir uns Gutes. Jeder Mensch kann Puderzucker auf seine Waffel streuen.

Dieses Buch handelt davon, was krank machen kann und wie psychische Erkrankungen aussehen. Aber es handelt auch davon, wie man gesund bleibt – oder es wieder wird.

Davon, wie es ist, einen an der Waffel zu haben – und von reichlich Puderzucker.

KAPITEL 2
WIE WIR TICKEN

Oder: Was ist die Seele überhaupt?

> *Es ist okay, Depressionen zu haben. Es ist okay Ängste zu haben. Verbessern müssen wir nur den Austausch darüber. Wir alle haben eine mentale Gesundheit, genauso wie wir eine körperliche Gesundheit haben.*
> (Prince Harry)

Was ist Psychologie und wo befindet sich eigentlich die Seele? Hier kommt ein kleiner Lageplan – und was man sonst so über seine Psyche wissen muss.

Psychologie – oder wie das heißt

Psychologie ist wirklich kein leichtes Thema. Dabei versteckt sich hinter dem Wort etwas, das wir nur zu gut kennen und worüber wir eigentlich alles wissen wollen: unser Innerstes.

Psychologie ist die Wissenschaft vom Erleben und Verhalten des Menschen, also davon, was jeder von uns in seinem Leben sieht, fühlt, denkt, hört, riecht, schmeckt, empfindet und tut. Man könnte auch Seelenkunde sagen.

Schon zu Zeiten der alten Griechen trieb es die Gelehrten um, wieso Menschen lieben, weshalb sie streiten, woher Wut kommt und was uns glücklich macht. Die Debatte darüber riss nie ab und wurde mit der Zeit immer wissenschaftlicher.

Vor einigen Jahrzehnten begannen Forschende, ihre Theorien mit Studien zu untermauern. Sie befragten Menschen, legten ihnen Fragebögen vor, führten Experimente mit ihnen durch. Heute können wir zum Beispiel erklären

- weshalb wir beim Lesen unsere Nase übersehen;
- warum wir Brillenträger für schlau halten;
- wieso schon eine Umarmung gegen Schmerzen hilft.

Psycholog*innen haben auch unzählige Befunde dazu gesammelt, was uns gesund hält und was uns krank machen kann. Aber erst mal ganz von vorne.

Wo sitzt eigentlich meine Seele?

Das Essen verdauen wir im Magen. Atmen tun wir in die Lungen. Die Nieren sorgen für die Flüssigkeitsausscheidung. Das Herz pumpt Blut durch den Körper. All diese Organe kennen wir. Sie haben eine bestimmte Form, manche eine bestimmte Farbe. Wir können sagen, wo sie sich ungefähr befinden. Anders ist das bei der Seele.

Gelehrte haben sich lange gestritten, was die Seele denn überhaupt ist und wo sie sich befindet. Ist sie ein Organ, so wie die Leber? Sitzt sie im Zwerchfell? Oder ist die Seele flüssig und fließt durch den gesamten Körper? Gehört die Psyche überhaupt zum Körper?

Zunächst einmal: *Psyche* kommt aus dem Altgriechischen und heißt übersetzt *Seele*. Bereits die Griechen in der Antike haben also über die Seele gesprochen – vor mehreren

Tausend Jahren. Beide Begriffe verwenden wir heute gleichwertig. Psyche = Seele.

Manche Gelehrte aus früheren Jahrhunderten nahmen an, dass sich unsere Seele im Blut befindet, andere, dass sie Teil des Atems ist. Verschiedene Religionen haben noch ganz andere Ideen: Im Christentum existiert die Seele zum Beispiel losgelöst vom Körper, kann also auch nach dem Tod in der Luft umherschweben. In anderen Glaubensrichtungen befindet sich die Seele wiederum im Herzen.

Die heutige Wissenschaft meint: Es gibt streng genommen keine Seele, zumindest nicht im Sinne eines Geistes oder einer übersinnlichen Figur, die in uns haust – oder unsichtbar herumschwebt. Unser Denken, Handeln und Empfinden entstehen vorwiegend im Gehirn – und das befindet sich in unserem Kopf.

Was macht mein Gehirn da oben?

Das Gehirn ist eine Art Schaltzentrale. Von dort zweigen Tausende Nervenbahnen in den Körper ab und führen auch wieder zum Gehirn zurück. Die Schaltzentrale hat also viele Außenstellen überall im Körper.

Den letzten Mathetest hast du mit dieser Schaltstelle hinter der Stirn geschrieben. Die hat die Aufgabe verstanden, eine Antwort dazu gesendet und die Hand dazu gebracht, die Zahlen und Zeichen auf das karierte Papier zu kritzeln. Überhaupt schreibst du alle Tests und Klausuren mit deinem Gehirn – auch wenn du manchmal das Gefühl hast, dass da alles Mögliche drin ist, aber nicht der Satz des Pythagoras.

Dort werden eben nicht nur Wissen und Bewegungen umgesetzt, sondern auch verarbeitet, was wir jede Millisekunde sehen, riechen, schmecken. Hier entstehen Gefühle und Gedanken, auch Handlungen.

Das Gehirn wird uns in die Wiege gelegt, doch wie es sich formt und welche Verknüpfungen darin entstehen, das hängt auch viel von den Erfahrungen ab, die wir machen. Ein Beispiel:

Schon wenige Jahre nachdem Handys und Smartphones aufkamen, stellten Forschende fest, dass im Gehirn von Handynutzern die Region, die maßgeblich dafür zuständig ist, dass wir unseren Daumen steuern, im Durchschnitt größer geworden ist. Wer viel Zeit am Handy verbringt und zum Beispiel fleißig Nachrichten mit dem Daumen eintickert, der hat in seiner Schaltzentrale auch einen größeren Bereich, der für diesen Teil der Hand zuständig ist.

Ähnliche Ergebnisse erbrachten Untersuchungen mit Taxifahrern, die sich besonders gut auf Straßen in großen Städten orientieren konnten. Oder Musikern, in deren Gehirn der Bereich, der Töne verarbeitet, besonders aktiv ist.

Das Gehirn passt sich also an die täglichen Aufgaben an. Das ist ein bisschen wie beim Sport: Wer regelmäßig Liegestütze macht, wird den Erfolg auch irgendwann an seinen Oberarmen sehen. Der Muskel ist gewachsen. Die Übung fällt irgendwann leicht. Genauso funktioniert das, wenn wir etwas Neues lernen und es immer wieder üben. Einen Move beim Basketball, ein Lieblingslied auf Spotify, eine

Vokabel aus dem Spanischunterricht. Wenn wir die Neuigkeit immer wieder ausprobieren, aufsagen, mitsingen … Dann wird die Spur in unserem Gehirn tiefer, dann gräbt sich das Neue mehr ins Gehirn ein – und bleibt uns länger erhalten.

So ist das allerdings auch mit unschönen Erfahrungen, mit Ängsten oder aggressiven Gedanken. Auch sie können mit jeder Wiederholung stärker werden.

Die gute Nachricht ist aber: Unser Gehirn ist formbar, und zwar bis ans Lebensende. Wir können immer wieder etwas *dazulernen*. Wir können etwas *verlernen* – wie beispielsweise eine schlechte Angewohnheit. Und wir können *umlernen*, also alte Pfade im Gehirn umlenken oder Nebenpfade aufmachen.

Jeder Moment hinterlässt eine kleine Spur im Gehirn, zum Beispiel diese Buchseite hier. Ob sich etwas davon einprägt, hängt von zahlreichen Dingen ab. Zum Beispiel:

- Hast du dich selbst oder Freunde in einem Beispiel wiederentdeckt?
- Haben dich die Ergebnisse der Studien überrascht?
- Sprichst du mit jemandem darüber, was du gelesen hast?
- Liest du kurze Zeit später noch mal etwas zu diesem oder einem sehr ähnlichen Thema?
- Hast du früher schon mal etwas über das Thema gelesen und die Neuigkeit hat quasi eine Lücke in deinem bisherigen Know-how geschlossen?

Wenn ein oder mehrere Dinge davon zutreffen, dann können neue Informationen im Gehirn noch besser gespeichert werden. Wenn wir ein Gefühl mit etwas verbinden, wenn wir eine Neuigkeit mit der eigenen Situation oder bekannten Menschen in Zusammenhang bringen, wenn wir etwas Ähnliches schon mal gelesen haben, oder uns in einem Thema bereits auskennen, dann bleibt Neues besser haften.

Dein Gehirn verändert sich jeden Tag, sogar jetzt in diesem Moment. Es erstellt neue Verknüpfungen, löscht alte, legt frische Abzweigungen an. Das zu wissen ist wichtig, um zu verstehen, wie unterschiedlich und vielseitig wir sind und damit auch unsere psychische Gesundheit.

Aber was heißt denn nun psychisch gesund?

Gesundheit, so heißt es oft, ist die Abwesenheit von Krankheit. Wenn ich nicht krank bin, bin ich also angeblich gesund. Aber kann man das so pauschal sagen?

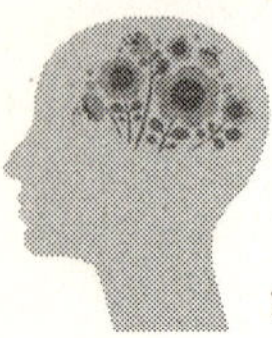

Wenn du einen Schnupfen hast und trotzdem zur Schule gehen kannst, würdest du dich dann als krank bezeichnen? Vermutlich nicht. Aber: Du bist streng genommen auch nicht gesund. Es ist also nicht so einfach, dabei geht es hier nur um eine laufende Nase.

Menschen sind verschieden. Selbst eineiige Zwillinge sind nicht identisch. Sie haben unterschiedliche Leberflecke oder ein Zwilling wiegt mehr als der andere. So vielfältig, wie wir Menschen sind, sind auch unsere psychischen

Erlebnisse und Probleme sowie deren Ursachen. Oder kurz gesagt: Wir alle empfinden einen Schnupfen unterschiedlich.

Seelische Gesundheit ist auch nichts, was man an einer Situation oder einer kurzen Begegnung ablesen kann. Sie ist viel komplexer, die Grenzen zwischen gesund und nicht gesund manchmal nicht klar. Nur weil jemand weint, ist er nicht gleich psychisch erkrankt. Nur weil eine Person häufig lacht, ist sie nicht zweifelsohne psychisch gesund.

Mental gesund ist, wer weder beim Denken noch in seinem Tun oder Fühlen beeinträchtigt ist – so lautet die Definition der Expertinnen und Experten. Aber was heißt das genau? Ein paar Beispiele:

- Was du denkst, fühlst oder tust, hindert dich nicht an einem normalen Leben und einem regulären Alltag.
- Du gehst zur Schule und kommst dort zurecht, du hast Freunde und ein Hobby, das dir Spaß macht.
- Du kannst dich gut konzentrieren und zum Beispiel ohne Probleme Gesprächen folgen.
- Du hast Routinen, die dir im täglichen Leben helfen.
- Du eckst nicht massiv an.
- Du erlebst Gefühle von happy bis stinksauer. Aber diese Empfindungen halten dich nicht davon ab, zur Schule zu gehen, Freundinnen zu haben oder morgens aufzustehen.
- Man könnte auch sagen: Du kommst klar, dir geht es gut, du stehst mitten im Leben.

Ob du gesund bist und bleibst, hängt von unzähligen Dingen ab. Viele davon kannst du selbst beeinflussen, andere wiederum nicht. Mit manchen Verhaltensweisen kannst du deine Gesundheit schützen, mit manchen bringst du sie ins Wanken. Mehr dazu in Kapitel 5.

Klar ist: Damit wir uns rundum gesund fühlen, muss nicht nur unser Körper gesund sein, sondern auch unsere Psyche. Sind wir körperlich versehrt, zieht uns das schnell runter. Jeder, der schon mal eine Woche mit Fieber im Bett lag, weiß, was ich meine. Es macht einfach keinen Spaß. Da sehnt man sich sogar den Geschichtsunterricht herbei.

Aber auch andersherum gibt es eine enge Verbindung: Haben wir psychische Probleme oder Sorgen, spüren wir das oft auch im Körper. Hast du schon mal eine ganz schlechte Note bekommen? Oder deine Lehrerin hat gedroht zu Hause anzurufen? Dann hattest du vielleicht ein flaues Gefühl im Magen bei dem Gedanken.

Etwas, das uns psychisch belastet oder umtreibt, kann sich auf verschiedenste Weise körperlich bemerkbar machen. Menschen mit Depression zum Beispiel erleben das oft: Sie haben manchmal gar keinen Appetit, oder im Gegenteil großen Heißhunger. Sie spüren Schmerzen, wo keine Wunde oder Verletzung ist. Sie fühlen sich schlapp, und doch ist es keine Grippe, die sie schwächt. Mehr über psychische Erkrankungen und ihre Anzeichen im Kapitel 4.

Weltweit spricht man heute nicht so oft von psychischer Gesundheit, sondern eher von *Mental Health*, also mentaler Gesundheit. Den Hashtag *#mentalhealth* hatten im Frühjahr 2024 mehr als 54 Millionen Beiträge auf Instagram, und es werden täglich mehr.

Das englische Wort »mental« bedeutet »geistig« oder »seelisch«. Alle drei Worte – seelisch, psychisch, mental – bezeichnen in diesem Zusammenhang also dasselbe. Keines davon ist unangemessen oder beleidigend. »Mental« geht vielen einfach nur leichter über die Lippen.

Mentale Gesundheit ist ein Menschenrecht. Das hat die Weltgesundheitsorganisation (kurz: WHO) 2023 zum World Mental Health Day am 10. Oktober betont. Jeder Mensch hat ein Recht darauf, psychisch wohlbehalten zu leben und vor diesbezüglichen Risiken geschützt zu werden. Falls doch eine Erkrankung ausbricht, hat jeder und jede von uns das Recht darauf, umgehend eine sehr gute Versorgung zu bekommen, um wieder gesund zu werden. Mehr über Hilfe bei psychischen Problemen in Kapitel 6.

Die vier Pfeiler der Seele

Damit man sich im Winter nicht erkältet, sollte man sich warm anziehen. Damit man keine Lebensmittelvergiftung bekommt, ist es ratsam, nichts zu essen, was Pelz angesetzt hat. Und es ist allgemein bekannt, dass Rauchen zu Krebs führen kann. Kurzum: Wir alle haben bereits viel Wissen darüber, wie wir gesund bleiben können – körperlich. Doch wie bleibt man psychisch gesund?

In der Psychologie widmen sich Forschende dazu vor allem vier Bereichen. Sie untersuchen:

- Das Wahrnehmen
- Das Denken
- Das Fühlen
- Das Handeln

Diese vier Bereiche hängen alle miteinander zusammen. Und sie alle befinden sich bei Jugendlichen im Umbau. Währenddessen funktionieren sie natürlich weiter, aber hier und da gibt es mal Fehlschaltungen oder Schieflagen. Das ist normal und nicht besorgniserregend.

Zugleich sind diese Bereiche auch alle vier betroffen, wenn jemand psychisch erkrankt. Daher ist es hilfreich, mehr darüber zu wissen,

- wie wir Menschen die Welt wahrnehmen,
- auf welche Weise Gedanken und Gefühle uns leiten,
- warum wir handeln, wie wir handeln,
- und was geschieht, wenn einer oder mehrere dieser vier Pfeiler ins Wanken kommen.

Hier ein kleiner Crashkurs.

Tierisch blind! Unsere Wahrnehmung

Was wir mit den Augen sehen, im Mund schmecken, mit der Nase riechen, auf der Haut fühlen und mit unseren Ohren hören: Das alles sind unsere Wahrnehmungen. Wir denken meistens, dass alle Menschen das Gleiche wahrnehmen. Tatsächlich ist es aber überhaupt nicht so. Wenn du im Klassenzimmer sitzt und alle deine Mitschülerinnen und Mitschüler schauen gleichzeitig aus dem Fenster, dann sieht jede und jeder von ihnen etwas anderes. Du siehst zuerst den Baum, deine Banknachbarin das Eichhörnchen auf dem Baum, die Lehrerin die zwei Schüler, die zu spät zum Unterricht kommen und gerade ins Schulgebäude rennen. Niemand von uns kann alle Details eines Bildes gleichzeitig erfassen.

Expertinnen und Experten haben eine interessante Rechnung aufgestellt: Unser Gehirn kann pro Sekunde etwa 11 Millionen Bits verarbeiten (das ist eine Einheit aus der Computertechnik). Von diesen Millionen Sinneseindrücken schiebt unser Kopf aber die allermeisten direkt in den Hintergrund. Denn bewusst aushalten können wir nur 40 bis 50 Bits pro Sekunde.

Unser Gehirn setzt nicht nur einen bestimmten Fokus, es sortiert auch manches komplett aus. Wenn wir dem Eichhörnchen dabei zusehen, wie es eine Nuss verbuddelt, dann entgeht uns vermutlich, dass 20 Meter weiter die Katze vom Hausmeister den kleinen roten Nager ins Visier genommen hat und ihm auflauert.

Probiere es aus! Es gibt ein Experiment, das eindrücklich zeigt, was passiert, wenn wir uns auf etwas konzentrieren. Schau dir das Video hinter dem QR-Code an. Dort stehen sechs Leute in schwarzer und weißer Kleidung im Kreis, sie spielen mit zwei Basketbällen. Deine Aufgabe: Zählen, wie oft die weiße Mannschaft sich den Ball zuspielt. Los geht's.

Und: Wie oft wurde der Ball geworfen?

Ich weiß die Antwort nicht. Denn ich habe bei dem Video immer den Gorilla gesehen, der durchs Bild lief, und war abgelenkt.

Falls du das Video nicht sehen konntest: Tatsächlich läuft während des Films ein Mensch in Affenkostüm mitten durch die Ballspielenden. Etwa 50 Prozent aller Zuschauerinnen und Zuschauer sehen ihn, alle anderen sind so auf das Zählen konzentriert, dass sie den seltsamen Auftritt übersehen. Dabei steht der Gorilla zeitweise mitten im Bild und tanzt. Dieses Experiment wurde schon unzählige Male überall auf der Welt durchgeführt. Das Ergebnis ist immer das gleiche.

Was macht unser Gehirn da bloß? Etwas total Sinnvolles. Es hat sich auf eine Aufgabe fokussiert und deshalb andere Eindrücke ausgeblendet: selektive Wahrnehmung. Wer das gut kann, hat die Aufgabe vermutlich ohne Probleme gelöst und weiß, wie viele Pässe das weiße Team geworfen hat. Wer nicht, kennt zwar nicht die Lösung, aber hatte dafür kurz ein bisschen Spaß. Mit »gesund« oder »ungesund« hat das nichts zu tun.

Das Sortieren und Ausblenden von Eindrücken, von Bildern und Gehörtem geschieht jeden Tag, jede Minute in all unseren Köpfen. Während du liest, dämpft dein Gehirn Geräusche um dich herum, schaltet alles um die Buchseite herum auf unscharf. Sonst würdest du gar nicht verstehen, was hier steht.

Bist du schon mal mit dem Bus eine altbekannte Strecke gefahren und hast trotzdem die Station verpasst, an der du aussteigen musstest, weil du so in einen Chat im Handy vertieft warst? Das ist das gleiche Phänomen wie mit dem Gorilla.

Warum macht unser Gehirn das? Wenn wir alle Sinne gleichzeitig und gleich stark geschärft hätten, würde uns das binnen weniger Minuten, vielleicht sogar Sekunden, maximal überfordern.

Das wäre so, als würdest du zu Hause den Fernseher, das Radio und deine Boombox auf höchster Lautstärke anschalten und parallel den Rauchmelder aktivieren. Gleichzeitig versuchst du, allen Geräten zuzuhören, also dem Nachrichtensprecher im Radio, der Werbung im TV, Billie Eilish über die Bluetooth-Box und dem Alarm von der Decke. In der Geräuschkulisse sollst du nun auch noch »Oh Tannenbaum« singen. Ganz klar: Es wäre einfach zu viel.

Damit wir in der Welt zurechtkommen und uns auf einzelne, wirklich wichtige Dinge konzentrieren können, blendet unser Kopf manche Eindrücke aus und hebt andere hervor. Er rückt für uns nicht so wichtig Erscheinendes in den Hintergrund.

Diese Filter funktionieren bei uns allen unterschiedlich stark, weshalb manche zum Beispiel den Gorilla aus dem Experiment sehen, andere nicht. Was für uns gefiltert wird und was nicht, ist zum Beispiel davon abhängig, was uns interessiert, wonach wir Ausschau halten, was wir kennen oder was einfach im Alltag sinnvoll ist.

Kannst du, während du jetzt hier diese Seiten liest, deine Wimpern sehen, oder deine Nase? Nein, denn das Gehirn retuschiert diese Elemente aus dem Bild, damit du ungestört die Welt und dieses Buch betrachten kannst.

Es gibt aber auch Momente, da schießt das Gehirn über das Ziel hinaus oder vernachlässigt seinen Job.

Unter großem Stress, wenn wir zu wenig schlafen oder durch manche Drogen kann die Wahrnehmung entgleiten. Wir vermuten etwas, wo gar nichts ist. Ein Beispiel: In unserem Kopf läuft plötzlich ein Song aus dem Radio. Und er geht gar nicht mehr weg. Ein klassischer Ohrwurm: Wir hören etwas, aber das ist gar nicht wirklich da.

So ähnlich ist es auch während einer Psychose. Manche Betroffene sehen Dinge, die gar nicht da sind, missverstehen Dinge, die gesagt werden, und wähnen sich in Gefahr, wo keine ist. Einige hören Stimmen, die niemand anderes hört. Und das macht ihnen Angst. Das Gehirn spielt den Menschen einen üblen Streich. Mehr dazu in Kapitel 4.

Es ist auch möglich, unser Gehirn gezielt auszutricksen. Ein Beispiel dafür ist der Placebo-Effekt, der durch Hunderte Studien belegt ist. Was genau passiert dabei?

Stell dir vor, du hast Kopfschmerzen und du nimmst eine Tablette dagegen. Einige Zeit später geht es dir besser. Am nächsten Tag erfährst du: Das war gar keine Kopfschmerztablette, sondern nur gepresstes Mehl. Hat aber trotzdem gewirkt. Das ist der Placebo-Effekt, und den gibt es wirklich.

Für Studien, die diesen Effekt zeigen, werden die Probandinnen und Probanden in zwei Gruppen geteilt. Die einen bekommen wirklich ein Arzneimittel mit pharmakologischer Wirkung, die anderen eine Tablette ohne Wirkstoff. Der Kniff: Niemand weiß, ob er oder sie den Wirkstoff oder das Placebo erhält. Die Leute mit dem echten Medikament sagen nach der Testphase, es ginge ihnen besser. Das Medikament wirkt also. Aber viele aus der anderen Gruppe sagen das auch.

Denn wenn wir denken, dass wir etwas bekommen, was die Schmerzen mildert, schüttet unser Gehirn schmerzlindernde Stoffe aus.

Mit Sicherheit kennst du den Placebo-Effekt aus Kinderjahren. Du bist aufs Knie gefallen, Mama hat gepustet. Schwupp, hast du aufgehört zu humpeln. Du hast dir den Ellenbogen aufgeschürft, Papa macht ein Pflaster drauf. Voilà, da tat es bereits weniger weh. Den gleichen Effekt kannst du heute auch selbst erzeugen: Einer Person in deinem Umfeld geht es schlecht? Eine freundliche Berührung am Arm oder gar eine Umarmung können da guttun – auch wenn sie nicht die Probleme lösen.

Der gegenteilige Effekt ist aber auch möglich. Ein Beispiel: Du bist bei deiner Ärztin und sollst eine Grippeschutzimpfung bekommen. Die Ärztin steht mit der Spritze in der Hand da und sagt: »Das wird nur kurz wehtun.« Jetzt kann es sein, dass der Stich mehr schmerzt, als er es ohne den vorherigen Hinweis getan hätte. Der kurze und gut gemeinte Satz aktiviert im Gehirn bereits einen kleinen Alarm. Wir verspannen, denn gleich wird es ja wehtun. Unter Anspannung empfinden wir Schmerzen aber generell als stärker. Das nennt man Nocebo-Effekt.

Wir erwarten, dass etwas hilft oder dass etwas schmerzt. Daraufhin reagiert unser Körper genau wie angenommen. Hier spielen auch unsere Gedanken eine wichtige Rolle.

Das hab ich mir gedacht! Unsere Gedanken

Meine Yoga-Lehrerin sagt manchmal: »Gedanken machen Dinge.« Was so viel heißt wie: Wenn ich etwas denke, dann kann das auch etwas bewirken, vor allem in mir drin. Das bedeutet nicht, dass ich allein durch den Gedanken daran einen Kopfstand schaffe. Aber sie will uns damit sagen, dass wir etwas eher schaffen, wenn wir es uns auch vorstellen können. Wenn wir uns etwas zutrauen und uns gut zureden. Und was soll ich sagen: Sie hat recht. Namaste!

Unser Kopf verhilft uns im Idealfall zu Spitzenleistungen. Sportlerinnen und Sportler, die wir bei Olympia sehen, arbeiten zum Beispiel ganz viel mit mentalem Training. Sport ist nicht nur Sache des Körpers. Der Kopf ist auch an Bord. Turner*innen stellen sich ihre Kür unzählige Male in kleinsten Schritten, mit jeder Schraube und jedem Flickflack vor. Sie sehen im Kopfkino, wie sie dabei Hand oder Fuß halten. Sie lassen vor dem inneren Auge ihren Auftritt immer wieder in Perfektion ablaufen und wissen, in welcher Sekunde sie welche Bewegung ausführen und wie.

Vielleicht hast du dich bei einer schwierigen Aufgabe oder beim Sport auch schon mal dabei ertappt, dass du in Gedanken mit dir sprichst? »Nur noch fünf Minuten, dann bist du am Ziel. Zieh durch!« Vielleicht auch »Atme tief durch und dann probier's noch mal«. Selbstgespräche, in denen wir uns gut zureden, anfeuern, besänftigen oder Mut machen, steigern unsere Leistungen. Genauso kann dir ein »Ich hab keinen Bock mehr! Warum laufe ich hier überhaupt noch?« ziemlich schnell die Motivation nehmen und du hörst auf zu rennen. Gedanken machen Dinge.

Aber woher kommen all diese Satzfetzen in unserem Kopf überhaupt?

Menschen denken den ganzen Tag. Wenn der Wecker klingelt, geht es sofort los mit einem: »Och, nö!« Von morgens bis abends rattert die Maschine in unserem Schädel. Ob wir wollen oder nicht.

Selbst im Schlaf ist unser Gehirn sehr aktiv und manchmal wandern wir mit ihm in Traumwelten umher. Auch Träume sind eine Art Gedanken – die sich sehr echt anfühlen.

Probiere es aus! Versuch mal, eine halbe Minute an nichts zu denken. Ab jetzt!

Und? Hat es geklappt? Sicherlich nicht. Denn selbst, wenn du dir innerlich sagst: »Bloß an nichts denken!«, dann denkst du ja etwas. Wenn du versuchst, in Gedanken ein schwarzes Nichts zu formen, dann denkst du: an das schwarze Nichts.

Und denk jetzt bloß nicht an einen rosa Elefanten!

Auch das hat vermutlich nicht geklappt und du hast den Elefanten gesehen. Richtig? Du siehst, wie schnell unsere Gedanken die Richtung wechseln, hier und dort hinspringen können. Wir können sie lenken, aber nur bedingt kontrollieren.

Wer sich mal jede Stunde ein paar Minuten dabei beobachtet, was ihm so durch den Schädel rauscht, wird feststellen: Es ist eine wilde Mischung an Gedanken. Wir haben Erinnerungen, planen die Zukunft, fragen uns, ob der Pulli überhaupt zur Hose passt und ob das unsere Bahn ist, die da gerade wegfährt. Wir denken über uns nach, über die Welt, über rosa Elefanten.

Unsere Gedanken basieren auf Dingen, die wir erlebt oder erzählt bekommen haben, auf TikTok-Beiträgen, Schulbüchern oder etwas, das die Eltern zu uns gesagt haben. Alles, was wir wahrnehmen und erleben, speist unser

Denken. Auch ungute Sachen. Kritik, flapsige Bemerkungen, Ablehnung.

Ziemlich schnell sitzen wir dabei sogenannten kognitiven Verzerrungen auf. Das sind Denkmuster, die uns in die Irre führen. Ein Beispiel ist Werbung. Wir denken, dass Coca-Cola besser schmeckt als eine günstige Cola von Aldi oder Lidl. Wenn auch vielleicht nur unbewusst, egal, ob das stimmt oder nicht.

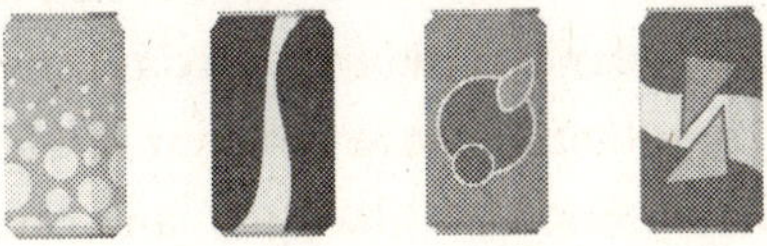

Wenn wir die Wahl zwischen beiden haben, bevorzugen wir die Markencola. Warum? Weil wir das Logo und den Schriftzug viel besser kennen, ständig überall sehen und die Werbespots von Coca-Cola das Getränk als cool und hip inszenieren. Wir haben all das verinnerlicht, plus: Unser Gehirn bevorzugt fast immer Dinge, die es schon kennt. Zum Beispiel ein Getränk, das einfach überall beworben und verkauft wird.

Solche Verzerrungen gibt es auch im zwischenmenschlichen Bereich: Menschen mit Brille halten wir automatisch für klüger. Blonden Frauen traut man nicht so viel zu wie brünetten. Finden wir eine fremde Person attraktiv, gehen wir davon aus, dass sie auch sympathisch ist – ohne sie zu kennen.

Diese Denkfehler und Kurzschlüsse von unserem Gehirn haben – wie fast alles in der Psychologie – einen Sinn. Auf diese Weise versucht die Schaltzentrale in unserem Kopf seine Umwelt zu sortieren und die vielen Informationen pro Minute zu ordnen. Ohne dieses automatische Sortiersystem wären wir heillos überfordert mit all dem, was auf uns einprasselt.

Beim Ordnen macht unser Gehirn auf die Schnelle aber eben auch Fehler. Ob jemand eine Brille trägt, hat natürlich rein gar nichts mit Intelligenz zu tun. Die Person wird ja nicht dümmer, wenn sie Kontaktlinsen trägt. Wir sitzen dabei also einer falschen Verknüpfung auf. Die Annahme dahinter lautet: Wer liest, ist schlau. Wer liest, braucht oft eine Brille. Der Kopf macht daraus: Jemand mit Brille ist schlau.

Diese Denkmuster und Schubladen zu identifizieren ist gar nicht so einfach – aber möglich. Mit etwas Übung kann man verhindern, dass ein Fach aufgeht und man dort die altbewährte Denke herausnimmt.

Viele von uns kämpfen auch mit ständigen Gedanken, die sich an uns selbst richten – und meist gar nicht nett sind. »Du kannst nichts«, »Was soll das alles«, »Das schaffst du eh nicht«. Fast jeder denkt das mal über sich. Wir alle sind mal kritisch mit uns. Meist sind wir sogar viel strenger mit uns selbst als mit anderen. Und auch viel strenger als andere es uns gegenüber sind.

Wichtig ist, wie wir solche Gedanken bewerten. Ist das ein flüchtiges Rauschen im Ohr und dann wieder weg, oder setzt sich der Gedanke fest und wir glauben ihm?

Menschen mit Depressionen erleben sehr oft diese negativen Gedanken. Die herunterziehenden Sätze kletten sich an ihnen fest. Sie fressen sich in ihr Denken hinein, werden zum täglichen Begleiter. Gedanken werden dann zur treibenden Kraft einer psychischen Erkrankung. Mehr darüber in Kapitel 4.

Spürst du das? Unsere Gefühle

Wenn du sie siehst, werden deine Knie plötzlich ganz weich. Wenn er über den Schulhof geht, guckst du mit hochrotem Kopf vorsichtig hinterher. Du bist verknallt! Alle von uns sind oder waren das mal und werden es immer mal wieder sein. Ein tolles Gefühl, aber auch ein anstrengendes. Du hast keinen Appetit, alles andere ist irgendwie uninteressant, du guckst ständig auf dein Handy, ob eine Nachricht von ihr oder ihm gekommen ist, du kannst kaum klar denken. Wenn du doch etwas denkst, dann an sie oder ihn, und in dem Moment fühlt sich dein Magen an wie im freien Fall. Alles, was du möchtest, ist: mit der anderen Person Zeit verbringen, ihr zuhören, sie ansehen, ganz nah bei dir haben.

Wissenschaftlich betrachtet ist das ein Feuerwerk an Hormonen, Nervensignalen und Botenstoffen im Gehirn. Wie bei einer Silvesterrakete zündet das Ganze in kürzester Zeit und verteilt sich hell strahlend am ganzen Himmel – oder, wie bei dir, im gesamten Körper.

Gefühle sind ohne unseren Körper nicht denkbar. Angst spüren wir zum Beispiel durch Schweiß auf der Oberlippe, Gänsehaut im Nacken oder einen flauen Magen. Freude lädt uns mit Energie auf, die wir sofort herauslassen wollen. Wir hüpfen und springen auf und ab, wenn uns etwas so richtig glücklich macht. Gut zu beobachten ist das regelmäßig im Fernsehen bei Sportwettkämpfen: ein Tor, eine perfekte Kür, den Matchball für sich verwandelt – Freudensprünge!

Aber wie entstehen Gefühle überhaupt?

Über die Details gibt es noch viel zu klären. Über eine Sache sind sich aber alle Forschenden einig: Im Gehirn gibt es eine Abteilung, die sich hauptsächlich mit unserem Fühlen beschäftigt. Diese hat sich über Jahrtausende entwickelt und hat ihren Ursprung in Zeiten, als Menschen noch Säbelzahntigern und Mammuts gegenüberstanden. Die meisten Gefühle, die wir haben, hatten irgendwann mal einen konkreten Sinn: Sie dienten dem Überleben.

Diese Empfindungen setzen in uns körperliche Reaktionen in Gang, die vor allem damals extrem hilfreich waren. Noch heute hat alles, was du fühlst, einen ursprünglichen Zweck.

Hier ein paar Beispiele:

Liebe: Die gefühlten Brausebläschen im Bauch und die wackeligen Knie sind ein Nebeneffekt vom Verliebtsein. Sie fühlen sich gut an. Wenn wir verliebt sind, wollen wir der anderen Person nah sein, andere Menschen sind für uns dann weniger wichtig. Diese intensiven Gefühle führten früher wie heute dazu, dass Menschen sich als Paare zusammentun – und Nachwuchs zeugen.

Ekel: Wenn wir etwas eklig finden, weichen wir zurück oder wenden den Kopf ab. Gut so, denn Ekel ist eine Art Reflex, der uns davor bewahrt, Verdorbenes zu essen. Heute ekeln wir uns auch manchmal davor, dass jemand besonders schnodderig Nase putzt oder schleimigen Husten hat. Auch das hat sich bewährt: Wir halten durch Ekel intuitiv mehr Abstand zu Menschen, die wir als erkältet einstufen. So stecken wir uns nicht so schnell an.

Angst: Sie kann uns das Leben retten: Angst teilt uns mit, dass etwas gefährlich ist. Manchmal ist das allerdings nur ein Fehlalarm und der bedrohliche Schatten kommt gar nicht von einem Bären, sondern von der Nachbarskatze. Wenn uns etwas große Angst macht, dann reagieren wir auf eine von zwei Arten: Wir fliehen oder wir machen uns innerlich bereit zum Kampf. Auch das stammt noch aus den Zeiten, als Menschen sich mit Säbelzahntigern herumschlagen mussten. Stell dir vor, du gehst im Wald spazieren und dann steht da ein Bär. Du hast Angst. Das ist normal und hilft dir zu überleben. Du kannst dich darauf verlassen, dass dein Körper jeden Muskel spannt, damit du entweder wegrennen oder dich gegen den Bären wehren kannst. Angst ist ein Energielieferant. Das kennen auch alle, die an Sportwettkämpfen teilnehmen: Vor dem Start ist man unfassbar aufgeregt. Die Angst setzt in uns Adrenalin frei, ein Hormon, das aufputscht. Nur damit bringen wir Höchstleistungen.

Ärger: Es brodelt richtig in uns, wenn wir wütend sind. Wir spüren deutlich: Was da passiert, regt uns auf. Der Puls schnellt nach oben. Wir wollen uns wehren. Ärger zeigt uns auf, wenn etwas gegen unseren Willen passiert, vielleicht auch eine Grenze überschreitet. Das Gefühl spornt uns an, uns zu verteidigen und für uns einzustehen. Das muss nicht unbedingt durch Gemeinheiten oder Gewalt passieren. Die Bewegung *Fridays For Future* zum Beispiel entspringt dem Ärger von jungen Menschen darüber, dass zu wenig gegen die Klimakrise unternommen wird. Wut und Ärger waren für Millionen Schülerinnen und Schüler auf der ganzen Welt der Antrieb, auf die Straße zu gehen und für die Zukunft dieser Erde zu demonstrieren.

Trauer: Wenn wir einen wichtigen Menschen verloren haben, dann trauern wir. Unser Körper fährt herunter, wir ziehen uns zurück. Das ist wie bei einer körperlichen Verletzung: Wenn wir uns den Knöchel verstauchen, dann laufen wir auch nicht durch die Gegend, sondern gönnen dem Fuß Ruhe, bis es ihm wieder besser geht. Auch die verwundete Seele muss heilen. Meist ist Zeit die beste Medizin. Je nachdem, was geschehen ist, wie traurig wir sind und wie tief die Wunde ist, dauert es nur wenige Stunden, bis es uns besser geht, manchmal aber auch Tage, gar Wochen oder Monate. Auch eine Trennung kann zu einer Trauerphase führen, oder ein schlimmer Streit. Immer wenn wir etwas verlieren oder ein Verlust droht, fühlen wir Trauer.

Alle Gefühle sind in Ordnung. Sie gehören zu uns, die guten wie die schlechten. Sie sind alle normal. Wir können sie nicht kontrollieren, sie folgen einem sehr alten Muster, das in unseren Genen angelegt ist.

Trotzdem können wir lernen, sinnvoll mit ihnen umzugehen. Rennen wir in Angst machenden Momenten immer weg oder stellen wir uns der Herausforderung? Platzt unsere Wut stets aus uns heraus oder können wir sie kontrollieren und dann ruhig mitteilen, was uns stört? Führt unser Ekel dazu, dass wir andere Menschen immer mehr meiden, oder können wir einer erkälteten Freundin trotzdem entspannt gegenübertreten? Wie wir Gefühle quasi in den Griff bekommen können, dazu in Kapitel 5 mehr.

Jedes unserer Gefühle kann auch mal zu stark sein oder sich an falscher Stelle melden. Das muss nicht bedeuten, dass man psychisch erkrankt ist. Manchmal passt ein Gefühl einfach nicht oder ist zu intensiv. Dafür gibt es viele Gründe:

- Du bist total gestresst von der Woche und deshalb bringt dich etwas viel schneller auf die Palme.
- Das ist der vierte Streit mit einer guten Freundin innerhalb von 2 Wochen, klar macht dich das viel trauriger als beim ersten Mal.
- Du bist von Natur aus empfindsamer, Gefühle sind bei dir eine Nuance stärker als bei anderen Gleichaltrigen.
- Bei dir zu Hause wird wenig über Gefühle gesprochen. Wenn du Ärger oder Traurigkeit verspürst, kannst du das nicht einordnen und die Gefühle verunsichern dich.

- In deiner Familie werden Gefühle wie Ärger und Wut bestraft, Traurigkeit wird überspielt. Was du fühlst, hast du gelernt zu verstecken – aber manchmal platzt alles aus dir heraus.
- Du bist jung und in deinem Gehirn wird nun mal umgebaut.

Das sind nur ein paar mögliche Ursachen, weshalb sich deine Gefühle besonders heftig melden oder es dir vielleicht schwerfällt, mit ihnen umzugehen. Es können auch mehrere Dinge sein, die zusammenkommen. Die Liste ist mit Sicherheit nicht vollständig. Warum wir sind, wie wir sind, lässt sich nicht in einer Aufzählung zusammenfassen.

Problematisch wird es, wenn Empfindungen ständig zu stark sind, am falschen Platz herausbrechen oder unseren Alltag beeinträchtigen. Ein Beispiel dafür sind Angststörungen.

Klar, Angst ist sinnvoll, sie warnt uns vor Gefahren. Bei einer Angststörung sind jedoch mehrere Dinge aus dem Ruder gelaufen:

Die Gefühle sind massiv. Das Herz rast. Die Betroffenen schwitzen, zittern, atmen schwer. Sie denken, sie sterben, so groß ist die Furcht. Außenstehende können aber meist gar keine Lebensgefahr erkennen. Nehmen wir die Angst vor Spinnen: Die achtbeinigen Krabbler, die es in Deutschland gibt, sind vollkommen ungefährlich. Trotzdem lösen sie bei Erkrankten heftige Gefühle aus.

Als Folge meiden Menschen mit Angststörungen Situationen, in denen sie damit rechnen, erneut große Angst zu bekommen. Dies kann sie im Alltag unter Umständen sehr einschränken. Keller oder Gartenhäuser lösen in jemandem mit Spinnenphobie Gefühle aus, wie sie bei anderen nur auftreten, wenn ihnen beim Schwimmen ein echtes Krokodil begegnet. Ein anderes Beispiel: Menschen mit Klaustrophobie können oft keine U-Bahnen und Fahrstühle benutzen.

Fazit: Gefühle sind wichtig, sie dürfen sein, können aber auch aus dem Ruder laufen. Mehr dazu in Kapitel 4.

Was machst du da? Unser Verhalten

Was wir denken, kann man uns nicht ansehen. Was wir wahrnehmen, kann keiner exakt nachvollziehen. Was wir fühlen, kann man uns höchstens manchmal im Gesicht ablesen. Sichtbar wird in der Regel für andere nur eines: was wir tun.

Unser Verhalten ist oft Ausdruck von einem Gefühl, einem Gedanken oder folgt einer viele Jahre geübten Routine, wie etwa Radfahren. Tatsächlich läuft vieles, was wir den ganzen Tag machen, automatisch ab. Stulle schmieren, Haare kämmen, Schuhe zubinden. Aber auch: der Griff in die Gummibärchentüte, im Unterricht dazwischenrufen oder dreckiges Geschirr im eigenen Zimmer herumstehen lassen.

Unser Verhalten besteht zum großen Teil aus Gewohnheiten und eingeschliffenen Mustern. Auch das hat einen Sinn: Wenn wir jeden Morgen darüber nachdenken müssten, wie wir eigentlich den Reißverschluss an der Jacke zumachen, dann würde das viel zu lange dauern und viel zu anstrengend für unseren Kopf sein.

Wer ganz kleine Geschwister hat, weiß bestimmt, wie lange es dauert, wenn die sich morgens fertig machen müssen.

Dadurch, dass alltägliche Dinge automatisch ablaufen, bleibt mehr Raum für andere Gedanken und Handlungen. Das führt aber auch dazu, dass uns manche Handlungen gar nicht mehr bewusst sind oder wir zu wenig darüber nachdenken. Wie zum Beispiel der Griff in die Chipstüte, das grimmige Gesicht, wenn uns etwas nicht gefällt, oder der Schlag auf die Tischplatte, wenn wir wütend sind.

Welche Gewohnheiten uns durch unser ganzes Leben begleiten, hängt auch davon ab, welches Verhalten wir in der Jugend immer wieder wiederholen.

Dabei gibt es noch eine gemeine Hürde in dieser Zeit, die in Kapitel 1 schon mal angesprochen wurde: Das Gehirn befindet sich in der Pubertät in einer großen Umbauphase. Wir fühlen in diesen Jahren besonders intensiv und besonders viel. Gleichzeitig ist das Gebiet im Kopf, das uns dabei hilft, Dinge zu überdenken und Kurzschlussreaktionen zu vermeiden, noch nicht so weit. Impulsive Reaktionen und Handlungen aus dem Bauch heraus sind in dieser Lebensphase also normal. Manchmal machen wir dann Dinge,

- die einem nachher peinlich sind (in der Öffentlichkeit den nackten Hintern zeigen)
- die jemanden verletzen können (weil man etwas Gemeines sagt)

- die jemand anderes in Gefahr bringen (mit Silvesterböllern herumspielen)
- die einen selbst in Gefahr bringen (eine Mutprobe zum Beispiel)

In der Zeit des Umbaus reagieren Menschen auch besonders stark auf Belohnungen. Diese werden genau dort registriert, wo auch unsere Gefühle verarbeitet werden. Wenn bei Instagram fast alle Follower euer Bild herzen, dann verbucht das das Gehirn als Belohnung. Wenn in eurem Handygame ein neues Level freigeschaltet wird, ist das eine Belohnung. Es geht aber auch ohne Bildschirm: Früher hatten Menschen dieses Gefühl von Belohnung, wenn sie den Briefkasten aufgemacht haben und es lag ein persönlicher Brief von einer Freundin oder aus der Familie drin.

Eine Belohnung macht glücklich. In all diesen Situationen schüttet der Körper daher Wohlfühl-Botenstoffe aus. Er schaltet auf Glücksmodus. Das funktioniert auch mit Küssen, Essen oder Sport. Oder mit Drogen.

Der Haken: Was sich gut anfühlt, wollen wir immer wieder erleben. Und wieder und wieder. Dabei stumpfen wir immer weiter ab, die Glücksreaktion wird weniger, wir brauchen also mehr von der positiven Aufregung oder krassere Erlebnisse, um dieses Gefühl zu erhaschen. So können Süchte entstehen, etwa nach Drogen, Computerspielen oder Social Media. Mehr dazu in Kapitel 4.

Starkes Quartett.
Wahrnehmen, Denken, Fühlen, Handeln

Alle vier Bereiche sind miteinander verwoben. Du hörst etwas hinter dir knacken, du erschreckst dich, Angst kommt auf. Das wiederum kann ein Verhalten auslösen: stehen bleiben, wegrennen, die Ratte im Busch verscheuchen. Dabei gehen dir sicherlich Gedanken durch den Kopf. »Iiih!« oder auch so was wie »Ach, nur 'ne Ratte«.

Wahrnehmung, Gefühle, Verhalten und Gedanken gibt es nur im Viererpack.

Kombipaket Körper und Psyche

Die Schaltzentrale Gehirn arbeitet nicht abgetrennt im Obergeschoss. Von dort aus reichen weitverzweigte Nervenbahnen in den gesamten Körper. Deshalb können Gefühle, die du hast, bis in den Rücken ziehen oder manche Gedanken Bauchschmerzen bereiten. Alles hängt miteinander zusammen.

Die deutsche Sprache kennt nicht zufällig so viele Redewendungen, die genau das zeigen.

- Der Stress schlägt mir auf den Magen.
- Das Herz schlägt bis zum Hals vor Angst.
- Bei dem Anblick läuft einem das Wasser im Mund zusammen.
- Die Sorgen rauben mir den Schlaf.

Es gibt ein Experiment, bei dem steht ein Stift im Mittelpunkt. Die Forschenden bilden dabei zwei zufällige Gruppen. Die eine Hälfte sollte für eine Weile einen Bleistift zwischen ihre Zähne klemmen. Die anderen hielten ihn in der Hand. Beide Gruppen sollten sagen, wie lustig sie Cartoons fanden, die ihnen danach gezeigt wurden.

Probiere es aus! Das mit dem Stift kannst du ganz einfach nachmachen. Einmal zwischen die Zähne nehmen und 15 Sekunden so bleiben. Vielleicht fällt dir schon etwas auf?

Das Ergebnis der Studie war bemerkenswert. Wer den Stift einige Zeit zwischen den Zähnen gehalten hatte, fand die Cartoons lustiger als jemand, der den Stift in der Hand hielt. Wie kann man das erklären?

Durch den Bleistift im Mund grinsen wir automatisch. Im Gesicht arbeiten dann die gleichen Muskeln wie bei einem Lächeln. Also geht eine Meldung ans Gehirn: Gute Laune! Das reagiert mit Botenstoffen im Körper, die die Stimmung heben. Wir sind also besser drauf als vorher.

Das bedeutet auch: Wer sich öfter mal zu einem Lächeln aufrafft, hat wahrscheinlich eher gute Laune.

Durch eine kleine Veränderung am Körper hat sich also die psychische Verfassung verändert. Das geht natürlich auch andersherum: Unsere Vorstellung kann den Körper in Aktion versetzen. Wie schon der Placebo-Effekt zeigt.

Probiere es aus! Wenn du kannst, schließ die Augen. Stell dir eine Zitrone vor, gelb und groß. Dann schneidest du die Zitrone mit einem Messer in Viertel. Das Fruchtfleisch ist schön saftig. Stell dir vor, wie sauer und trotzdem süßlich die Frucht schmeckt. Dann nimm ein Viertel und beiß in diese Zitrone hinein.

Hast du was gemerkt?

Genau. Speichelfluss. Das Gehirn kann sich die Zitrone so gut vorstellen, dass der Mund ein bisschen so reagiert, als hätten wir wirklich hineingebissen. Es hat eine Reaktion im Körper ausgelöst, ohne dass wirklich etwas passiert ist. Das Ganze fand nur im Kopf statt und war doch real.

Und was bedeutet das jetzt alles?

Was wir wahrnehmen, was wir denken, wie wir fühlen und wie wir handeln: Alles hängt miteinander zusammen. Und schlägt sich auch körperlich nieder.

Auf jeden dieser Bereiche wirken aber auch unendlich viele Einflüsse von außen, zum Beispiel Eltern, Freundinnen, Lehrkräfte, dein Wohnort, eigene Werte …

In diesem großen Suppentopf brauen sich mitunter psychische Probleme zusammen. Und aus denen können psychische Erkrankungen entstehen.

Aber: Der Suppentopf enthält auch reichlich Nahrhaftes, das gesund hält.

KAPITEL 3
SCHWERE GEWICHTE

Wie entstehen psychische Erkrankungen?

Ein kleiner Riss heißt nicht, dass du zerbrochen bist. Es heißt, dass du getestet wurdest – und nicht auseinandergefallen bist
(Linda Poindexter, Priesterin)

Was seelische Leiden verursacht

Ein fetter Schnupfen macht bunte Taschentücher, Husten hört man laut und deutlich, Fieber lässt die Zahlen auf dem Thermometer nach oben klettern. Bei vielen körperlichen Erkrankungen kann man den Ort ausmachen, wo alles seinen Anfang nimmt, oder zumindest, wo genau Hilfe gebraucht wird. Bei Diabetes liegt das Problem zum Beispiel in der Bauchspeicheldrüse, sie produziert nicht genug Insulin. Dagegen gibt es Tabletten oder Spritzen, die den Insulinspiegel anheben.

Bei psychischen Leiden ist das anders. Ein Psychiater hat mal zu mir gesagt: »Wenn ich wüsste, wie Depressionen entstehen, hätte ich schon längst einen Nobelpreis bekommen.« Denn tatsächlich ist es so: Keiner kann genau sagen, wo eine psychische Erkrankung herkommt und was genau sie ausgelöst hat. Aber es gibt einleuchtende Theorien.

Die wichtigste: Nie ist es nur *ein* Grund, der zu psychischen Problemen führt, immer sind es mehrere Dinge, die zusammenkommen und damit dann zu belastend werden können. In der Forschung spricht man vom biopsychosozialen Modell. Dieses kombiniert drei große Bereiche, die auf einen Menschen einwirken – und ihn krank machen können. Schauen wir uns den Begriff näher an:

BIO + PSYCHO + SOZIAL, also
- was angeboren oder körperlich ist (BIO),
- was im Kopf geschieht (PSYCHO)
- und was im Umfeld los ist (SOZIAL)

Diese drei Bereiche wirken zusammen. Sie haben alle einen Anteil daran, wenn jemand seelisch erkrankt. Meist beeinflussen sich die drei Bereiche auch gegenseitig.

BIO für biologisch. Was angeboren oder körperlich ist

Jeder Mensch hat circa 25500 Gene, also so eine Art winzig kleine Mini-Festplatten in unseren Zellen, auf denen kodiert ist, welche Eigenschaften und Merkmale uns von unseren Eltern mitgegeben wurden. Darauf stehen sämtliche Details wie die Größe des kleinen Zehs oder unsere Haarfarbe.

Es gibt zahlreiche Eigenschaften, die uns in die Wiege gelegt werden und sich dann im Wechselspiel mit anderen Menschen und dem Leben verändern und entwickeln. Sie können mit den Jahren aufblühen oder schwächer werden. Unfälle oder Verletzungen können auch Abläufe im Körper verändern – die sich dann vielleicht auf die Psyche auswirken.

Zu den biologischen Eigenschaften gehören zum Beispiel:

- **Die Intelligenz.** Wie gut kann man sich Dinge merken, Muster erkennen oder Informationen miteinander verbinden?
- **Die Persönlichkeit.** Neigt jemand zu Ängstlichkeit oder nicht, hält sich jemand eher an gesellschaftliche Normen oder im Gegenteil? Ist jemand offen für Neues und probiert sich gern aus oder bleibt lieber beim Altbekannten?
- **Die Stressempfindlichkeit.** Wie schnell bringt einen Leistungsdruck aus der Fassung? Wie kirre macht Hektik am Morgen? Wie geht eine Jugendliche mit den hohen Erwartungen von Erwachsenen um?
- **Der Hormonhaushalt.** Wie flink schießt Adrenalin durch deinen Körper? Ist deine Schilddrüse zu wenig aktiv und kann daher Symptome einer Depression auslösen? Befindet sich dein Körper schon in der Pubertät und baut alles um?

All diese Eigenheiten, die wir größtenteils von unseren Eltern mitgeliefert bekommen und die sich während des Lebens verändern, verstärken oder abschwächen, können sich auch auf das seelische Wohlbefinden auswirken.

Manche tragen auch Gene in sich, die sie anfälliger für psychische Erkrankungen machen. Das kann vor allem dann der Fall sein, wenn in der eigenen Familie schon mal jemand betroffen war, etwa die Großeltern, eine Tante oder auch Mutter oder Vater.

Aber Achtung: Das heißt nicht, dass jemand, in dessen Familie jemand psychisch erkrankt war, auf jeden Fall selber eines Tages erkranken wird. Es bedeutet nur, dass das Risiko für diese Person einfach etwas höher ist als bei jemandem ohne psychische Krankheiten in der Familie. Es gibt Menschen, in deren Familie sind vielleicht eine Oma, der Onkel und die Schwester schon mal psychisch erkrankt – und trotzdem bleiben sie selbst ein Leben lang mental gesund. Sie tragen nur ein höheres Risiko mit sich herum, nicht die Krankheit per se.

Das ist bei psychischen wie bei körperlichen Erkrankungen recht ähnlich. Ein Beispiel: In einer Familie haben zwei Großeltern und der Vater Diabetes Typ 2. Bei dieser Stoffwechselerkrankung kann der Körper Zucker immer weniger gut verarbeiten. Mit drei betroffenen Verwandten ist das Risiko, dass die Tochter und der Sohn diese Erkrankung später auch bekommen, erhöht. Aber wenn sie auf eine ausgewogene, zuckerarme Ernährung achten, Übergewicht vermeiden und regelmäßig Sport treiben, bleiben sie im Alter eher von der Krankheit verschont. Sicher sein können sie sich natürlich nicht, aber das Risiko haben sie deutlich gesenkt.

So ähnlich funktioniert es auch bei psychischen Erkrankungen. Wer ein erhöhtes Risiko hat, kann gezielt auf sich achtgeben und damit das Risiko senken. Mehr dazu in Kapitel 5.

Wie hoch ist das Risiko überhaupt, mental krank zu werden, wenn das in deiner Familie jemand mal war oder ist?

Forschende haben versucht, diese Zahlen zu schätzen. Aber am Ende ist es in jedem Einzelfall anders. Dafür sind Familien und die Menschen darin einfach zu verschieden.

Wichtig ist: Jeder sollte auf sich achtgeben, Familiensituation hin oder her. Bei manchen ist es vielleicht noch etwas wichtiger, sich Gutes zu tun und mental umsichtig zu sein, als bei anderen, aber helfen tut es uns allen.

Die gute Nachricht ist: Unsere Gene können wir nicht umtauschen, aber ob jemand gesund bleibt, hängt auch von den zwei anderen Teilen des Modells ab – *Psycho* und *Sozial*. Und beide kann man selbst beeinflussen.

PSYCHO für psychologisch. Was im Kopf passiert

Hier kommen die vier Pfeiler Wahrnehmung, Gedanken, Gefühle, Verhalten zum Zuge. Wie wir die Welt erleben, was wir denken und fühlen, aber auch wie wir in der Welt handeln, kann sich darauf auswirken, wie es uns mental geht. Klar, all diese Bereiche werden ursprünglich auch über Gene in uns angelegt und diese steuern uns zunächst durchs Leben. Aber über die Jahre haben wir die Möglichkeit, alle vier Pfeiler zu formen.

Hier mal ein paar Beispiele, was alles zum Bereich »Psycho« zählt:

- **Selbstwert:** Wie sehr magst du dich selbst? Was traust du dir zu? Für wie wertvoll hältst du dich?
- **Krisen managen:** Fällt es dir leicht, in belastenden Zeiten zurechtzukommen? Erlebst du viele Dinge als »Stress pur«?
- **Gefühle händeln können:** Wie gut kannst du mit Angst

umgehen? Was machst du, wenn du traurig bist? Was hilft dir bei Ärger?

Wir lernen schon als kleine Kinder, wie wir zum Beispiel mit Wut umgehen können. In den ersten Lebensjahren gelingt uns das ja meist nicht so gut (#imsupermarktschreiendaufdenbodenwerfen). Mithilfe unserer Eltern, in der Kita oder auch durch Wegbegleiter wie die Großeltern und erste Freundinnen und Freunde lernen wir, diese Gefühle zu regeln. Wenn alles gut geht, bleiben wir mit 14 Jahren an der Supermarktkasse ganz unauffällig, obwohl unser Vater uns den Schokoriegel nicht kauft. Wir meckern dann vielleicht kurz, schmollen ein wenig, oder zücken unser Taschengeld und kaufen uns die Nascherei selbst.

Unser psychologisches Gerüst wird von Ereignissen geprägt. Nicht nur der Alltag ist entscheidend, schon einmalige Erlebnisse verändern, was in uns vorgeht. In der Forschung spricht man von kritischen Lebensereignissen. Das kann der Umzug in eine andere Stadt sein oder die Trennung der Eltern. Beides schlägt ein wie ein Meteorit im eigenen Leben. Es verändert alles, was war. Wie gut wir mit dieser Situation zurechtkommen – und wie sehr uns andere dabei helfen –, bestimmt oftmals, ob wir gestärkt oder mit Blessuren dort herausgehen.

SOZIAL für sozial. Was im Umfeld los ist

Du bist Teil einer Schulklasse, Teil einer Familie, vielleicht auch Teil eines Freundeskreises, eines Sportvereins, einer

Band oder eines Chors, Teil einer AG, Teil eines Bezirkes, einer Stadt oder Ortschaft.

All diese Gruppen, zu denen wir gehören, haben Einfluss darauf, wie es uns geht. Die Familie, das Land und die Umstände, in die wir hineingeboren werden, machen etwas mit unserer Psyche. Das kann positiv sein. Das kann negativ sein.

Was an unserem Umfeld kann uns psychisch belasten? Hier ein paar Beispiele:

- Wenn die Eltern sehr streng und zu wenig liebevoll sind
- Wenn die Eltern sich viel streiten
- Wenn du viel mit deinen Geschwistern streitest
- Wenn du aggressive oder wenig verlässliche Freunde hast
- Wenn in deinem Freundeskreis Drogen genommen werden
- Wenn du Mobbing oder Cybermobbing erlebst
- Wenn du in Armut lebst oder du und deine Familie oft zu wenig Geld habt
- Wenn in der Schule immer mehr von dir verlangt wird
- Wenn die Erwachsenen um dich herum sich nicht dafür interessieren, wie es dir geht
- Wenn es zu Kriegen oder politischen Krisen kommt

Egal, ob es um deine Großeltern, deine Geschwister oder deine Klassenkameradinnen und -kameraden geht: Wie wir alle miteinander umgehen und ob wir uns gernhaben oder viel streiten, wirkt sich auf deine Psyche aus. Gut tut es, ein paar Verbündete zu haben, also Menschen,

- zu denen du gerne gehst
- denen du alles erzählen kannst
- bei denen du auch mal heulen oder meckern kannst
- mit denen du fröhlich und unbeschwert sein kannst

Das können die Eltern sein, oder auch die Sozialarbeiterin in der Schule, dein Bruder oder die Hausaufgabenhilfe im Jugendclub.

BIO-PSYCHO-SOZIAL – alles zusammen. Was euch in die Wiege gelegt wurde, was in eurem Kopf geschieht und was in eurem Umfeld los ist: Das wirkt aufeinander und zusammen.

Stell dir mal ein großes dickes Holzfass vor. Das ist deine Seele. Darin sammelt sich Wasser. Das Wasser steht für Probleme, Sorgen, schlimme Erlebnisse. Je voller das Fass ist, umso schlechter geht es dir.

Bei manchen hat das Fass von Geburt an weniger Volumen, es passt einfach weniger hinein. Mit den Jahren tropft dann stetig Wasser nach, das Fass füllt sich.

Wer mit Ärger und unschönen Situationen gut umgehen kann, schöpft stets Wasser ab. Mit den Jahren verdunstet auch immer wieder reichlich Wasser. Das Fass wird also in den meisten Fällen nicht randvoll.

Doch bei manchen sammeln sich die Wassermengen schnell. Das Fass wird immer voller. Das Wasser steht schon oben an der Kante. Dann braucht es manchmal nur ein scheinbar kleines Ereignis, einen kleinen Tropfen obendrauf – und das Fass läuft über. Jemand erkrankt psychisch.

Und in der Jugend sind wir alle ganz besonderen Situationen ausgesetzt, die das Fass füllen können.

Heftig! Was Jugendliche heute umtreibt

In der Jugend, und gerade in der heutigen Zeit, gibt es ein paar Themen, die großen Einfluss darauf nehmen, wie es uns mental geht. Das sind zum Beispiel folgende:

1. Kein Kind mehr: **Der Körper** verändert sich
2. Neugier und Unsicherheit: Neuland **Sexualität**
3. **Stress** mich nicht: Was uns herausfordert
4. 4 reel: **#socialmedia**
5. Über die Grenze: **Cybermobbing**
6. Tu mir nicht weh: Über **Gewalt**
7. Das ist mein Körper: **Sexualisierte Gewalt**
8. Plötzlich ganz nah: **Krieg und Flucht**
9. Kein Planet B: **Die Klimakrise**
10. Mehr als nur ein Virus: **Die Corona-Pandemie**

Diese Themen schauen wir uns jetzt nacheinander etwas genauer an. Wichtig ist dabei: Diese Problemfelder führen nicht automatisch zu psychischen Problemen oder Erkrankungen. Sie können uns aber herunterziehen oder verunsichern. Manche davon sind eng verknüpft damit, dass es den Betroffenen nicht gut geht. Deshalb endet jeder Abschnitt mit Anregungen dazu, wie ihr eure Psyche schützen könnt.

Mehr dazu, was gesund hält und gesund macht, folgt dann im Kapitel 5.

STOP

Rote Linie Die folgenden Abschnitte sind manchmal schwer zu verdauen. Wenn dich ein Thema zu sehr mitnimmt oder dich sehr beschäftigt, dann versuche, mit jemandem darüber zu reden. Gespräche helfen!

1) Kein Kind mehr: Der Körper verändert sich

Das ist die eine alles überragende Großbaustelle in der Jugend: der Körper. Nicht nur, dass man größer wird. An einem wächst ganz viel mit, Haare zum Beispiel, und alle möglichen Körperteile. Manche von uns werden runder, andere schlaksiger. Unsere Körper werden männlicher oder weiblicher. Das macht unsicher.

Viele sind auch deshalb sehr kritisch gegenüber ihrem Körper. Jeder vierte Junge beurteilt seinen Körper sehr abwertend. Von den Mädchen ist es etwas mehr als die Hälfte, die hart mit sich ins Gericht geht. Viele Jugendliche haben also ein negatives Bild vom eigenen Körper. Da spielt mit hinein,

- was du über deinen Körper denkst,
- wie du dich in deinem Körper fühlst,
- wie du deinen Körper siehst und wahrnimmst,
- wie du mit ihm umgehst.

Doch was beeinflusst, ob wir uns äußerlich gut oder schlecht finden? Zum Beispiel diese Faktoren:

- Wie ist das Schönheitsideal in deinem Land? Sind die Menschen in TV, Film und Social Media vor allem gertenschlank und perfekt geschminkt? Werden nur dünne Frauen und muskulöse Männer als attraktiv und erfolgreich dargestellt?
- Wie gehen deine Eltern mit ihrem Körper um? Stehen sie selbstbewusst vor dem Spiegel? Essen sie gesund? Treiben sie Sport?
- Wie sprechen deine Eltern mit dir über deinen Körper? Nörgeln sie an dir herum? Fühlst du dich wohl dabei, mit deinen Eltern über Essen und dein Gewicht zu sprechen?
- Wie reden deine Freundinnen und Freunde über ihren Körper? Machen sie abschätzige Kommentare zu Pickeln und Fettpölsterchen an der Hüfte? Oder loben sie deine Features?
- Folgst du vielen Influencer*innen auf Insta und TikTok, die vor allem Bilder zu Fitness oder Beauty posten?

All das hat großen Einfluss darauf, wie jemand zu seinem Körper steht und künftig stehen wird. Manche verknüpfen mit ihrem Äußeren, wie viel sie als Mensch wert sind. Dabei gibt es so viel mehr, was einen Menschen ausmacht und was ihn liebenswert macht:

- Humor
- Geselligkeit

- Intelligenz
- Verantwortungsbewusstsein
- Hilfsbereitschaft
- Fleiß

Sicherlich fallen dir noch ein paar mehr Eigenschaften ein, die du zum Beispiel an deinen Freundinnen und Freunden magst – und die nichts mit ihrem Aussehen zu tun haben.

Der Körper steht trotzdem in der Jugend im Mittelpunkt. Das kann auch psychische Probleme mit sich bringen – die sich am Körper zeigen. In keiner anderen Lebensphase treten zum Beispiel so häufig zum ersten Mal Essstörungen auf. Es gibt mindestens drei Dinge, die hier hineinspielen.

- **Innerer Kritiker.** Die Jugend ist die Zeit, in der sich der Körper ständig verändert. Natürlich beschäftigt man sich deshalb auch viel damit, wie man aussieht. Guckt sich viel im Spiegel oder auf Selfies an, kennt jedes kleine Detail an sich, an Bauch, Kinn oder Hintern. Wie bei fast allen Menschen springt dabei schnell der innere Kritiker an: Hier bist du zu viel, da zu wenig und du versuchst gegenzusteuern. Manche verlieren dabei das Maß.
- **Streben nach Kontrolle.** Gleichzeitig wollen Jugendliche mehr Autonomie, also allein entscheiden, Herr über das eigene Leben sein. Das geht manchmal aber noch nicht in dem Ausmaß, wie es vielen lieb wäre. Der Körper ist dann quasi das Instrument im Leben,

das man in der Hand hat – und am ehesten steuern kann.

Ein Beispiel: Während der Corona-Pandemie ist die Zahl der Jugendlichen mit einer Essstörung mächtig angestiegen, vor allem Magersucht kam sehr viel öfter vor. Expertinnen und Experten haben die Vermutung, dass das krankhafte Hungern ein Versuch war, mit der unkontrollierbaren Situation »Pandemie« umzugehen. Während der Virus nicht zu bändigen und die Lockdowns nicht verhandelbar waren, haben manche versucht, wenigstens durch ihr Essverhalten Kontrolle über den Alltag und ihren Körper zu erlangen. Gerade Magersucht hat viel mit Kontrolle zu tun: Kalorien zählen, bestimmte Nahrungsmittel weglassen, sich ständig wiegen – manche sind dabei in eine Essstörung gerutscht.

- **Vergleiche**. Jeder Mensch vergleicht sich. Wie schlau, wie schön, wie witzig sind wir – im Vergleich zu anderen? Vor allem in der Jugend sind wir in Gedanken ständig am Abwägen und Abmessen. Vielleicht auch, weil sich alles um einen und an einem verändert. Man muss sich in der Jugend fast täglich neu verorten. Das Aussehen ist dabei eines der wichtigsten Themen. Deshalb ist es vielen sehr wichtig, was sie für Klamotten anhaben, wie die Frisur sitzt

und ob das Make-up ein Hingucker ist. Aber auch, ob sie schlank genug sind. Und wer einen strengen inneren Kritiker hat, ist schnell unzufrieden mit dem Spiegelbild. Selbst wenn das total unnötig ist.

Den eigenen Körper gut zu finden, so wie er ist, kann man üben. Hier fünf Gedanken, die dabei helfen:

Es gibt keine perfekten Körper. Selbst Supermodels oder superfitte Spitzensportler finden an sich Stellen, mit denen sie unzufrieden sind. Sie haben auch einen inneren Kritiker, der viel strenger ist als die Menschen um sie herum.

Dein Körper ist in Ordnung. Du hast vielleicht Sommersprossen, dunkle Haut, eine Zahnlücke oder besonders große Ohren. Na und? Jeder Mensch sieht anders aus, das macht uns einzigartig.

Dein Körper hat ein Kompliment verdient. Betrachte dich doch mal mit einem wohlwollenden Blick. Welche Teile deines Körpers magst du an dir? Sind es deine Augen? Vielleicht hast du schöne Füße oder einen eleganten Hals? Schau mal genau hin und gib dir Komplimente, wie du sie sonst nur deinen besten Freudinnen oder Freunden gibst.

Danke deinem Körper. Rund um die Uhr ackert dein Körper, steht mit dir auf, bringt dich in die Schule, denkt, sieht, spricht, macht mit dir Sport und hilft dir zu schlafen. Überleg mal, was dein Körper alles kann – und was du dank deines Körpers alles tun kannst.

Aussehen ist nicht alles. Schöne Haare und straffe Haut allein machen den Menschen nicht aus. Wie man sich gibt, ob man schlau ist oder humorvoll, ob man gut mit anderen klarkommt oder hilfsbereit ist: Das ist auf lange Sicht viel wichtiger. Was bringt es dir, nur schöne, schlanke Freunde zu haben, mit denen du dich gar nicht richtig unterhalten kannst, die deine Witze nicht verstehen oder dir nicht zur Seite stehen, wenn es dir mal schlecht geht? Es klingt abgedroschen, aber stimmt trotzdem: Das Innere macht Menschen schön.

2) Neugier und Unsicherheit: Neuland Sexualität

Nicht rot werden! Es geht nur um Sex. Wenn ihr es doch werdet: Ich kann es verstehen. Jemanden unfassbar toll zu finden, ist schon aufregend genug. Mit 10 bis 12 Jahren sind wir das erste Mal so richtig verknallt und wollen der Person körperlich ganz nahe sein. Irgendwann kommen dann noch Bilder und Gedanken im Kopf auf: sexuelle Fantasien. Das ist alles normal, und trotzdem verunsichert es. Und dann kommt obendrauf noch euer Körper, der plötzlich ganz neue Regungen zeigt. Das Interesse an Sex blüht auf.

Anders als viele denken, lassen sich die meisten Jugendlichen viel Zeit mit dem ersten Mal Geschlechtsverkehr. Eine Umfrage der Bundeszentrale für ge-

sundheitliche Aufklärung (kurz BzgA) hat ergeben, dass mit 16 Jahren nur etwa jede*r dritte Jugendliche bereits Erfahrungen mit Sex gesammelt hat. Mit 17 Jahren sagen mehr als 65 Prozent, dass sie schon ihr erstes Mal hatten. Statistisch hatte jede dritte Person im Abi-Jahrgang also noch keinen Sex. Das ist in Ordnung und hat viele Gründe.

Die Forschenden waren neugierig und haben alle, die mit 17 noch keinen solchen engen Kontakt hatten, gefragt, warum das so ist.

Ihre Antworten:

- der oder die Richtige fehlt
- sie sind zu schüchtern
- sie fühlen sich zu jung
- sie interessieren sich nicht für Sex
- sie haben Angst, sich ungeschickt anzustellen
- sie haben Angst vor den Eltern
- sie halten Sex für unmoralisch
- sie empfinden Sex vor der Ehe als nicht richtig

Jeder dieser Gründe hat seine Berechtigung. Wann der richtige Zeitpunkt für das erste Mal ist, das kann nur jeder Mensch für sich selbst wissen. Jede*r muss selbst entscheiden, wann er oder sie Sex haben möchte. Druck von außen ist nicht in Ordnung. Das gilt beim ersten Mal genauso wie beim hundertfünfzigsten Mal.

Die Umfrage der BzgA zeigt auch, wo Jugendliche ihre Infos über Sexualität, Fortpflanzung und Verhütung herhaben. Die wichtigsten Gesprächspartner sind demnach

- die Eltern, vor allem die Mutter,
- beste Freundinnen und Freunde,
- Lehrerinnen und Lehrer.

Der Schulunterricht ist also genauso eine Wissensquelle wie Gespräche mit anderen – und natürlich das Internet. Online findet sich besonders viel Anschauungsmaterial. Pornografische Filme und Bilder sind im Internet mit ein paar Klicks leicht zu finden.

Wenn du dich auch dafür interessierst: Das ist nicht schlimm, sondern ganz normal. Hardcore-Pornos sind für die Augen von unter 18-Jährigen in Deutschland allerdings verboten. Softere Darstellungen nicht.

Sich solche Filme und Bilder anzuschauen, kann Vor- und Nachteile haben.

- Vorteil: Viele Jugendliche erkunden dabei ihre eigenen Vorlieben und können herausfinden, was sie interessiert. Das hilft manchen später, wenn es ums reale Miteinander geht
- Nachteil Nr. 1: Die Bilder können überfordern, vor allem, wenn man im echten Leben noch gar keinen sexuellen Kontakt hatte.
- Nachteil Nr. 2: Die Filme und Fotos zeigen meist ein sehr verzerrtes Bild von Sexualität. Frauen sind da-

bei oft den Männern untergeordnet und verspüren besonders lautstark Lust, während die Männer besonders muskulös und machtvoll wirken, manchmal sogar aggressiv. Das führt zu falschen Vorstellungen. Sexualität ist ein gemeinsames Erlebnis, bei dem es darum geht, dass zwei Personen auf Augenhöhe und mit jeweils eigenen Wünschen und Vorlieben aufeinandertreffen. Die muss man besprechen. Die Lautstärke ist zudem kein Qualitätsmerkmal.

– Nachteil Nr. 3: Wer zu häufig oder zu heftige Pornos schaut, dessen Erwartungen an echten Sex steigen oft viel zu hoch. Manche empfinden keine Befriedigung mehr bei echtem Sex, oder nur, wenn es besonders doll zur Sache geht. Das kann in Beziehungen zu Konflikten führen. Falls man bislang keine sexuellen Erfahrungen gesammelt hat, können Sexfilme auch die Hemmschwelle dafür anheben, sich überhaupt auf jemanden einzulassen.

Grenzen der normalen Neugier: Nur weil man gelegentlich Pornos guckt, ist man nicht gleich sexsüchtig oder hat ein Problem. Es kommt eher darauf an, wie oft »gelegentlich« ist und ob sich das auf dein Leben auswirkt. Es wird zum Beispiel problematisch, wenn du

– ständig lieber auf Pornoseiten surfst, als deine Freundinnen oder Freunde zu treffen;
– deshalb öfter nicht in die Schule gehst oder auch Freizeitaktivitäten vernachlässigst;

- mehrmals täglich den sexuellen Kick brauchst, durch ein Video, Selbstbefriedigung oder durch Sex mit jemandem.

LGBTQ+ Sexualität stellt nicht nur das junge Leben, sondern einen selbst auf den Kopf. Für manche ist diese Zeit noch aufreibender, wenn sie merken, dass ihre Zuneigung zu Gleichaltrigen nicht dem typischen Mann-Frau-Muster folgt, wenn sie merken, dass sie homo- oder bisexuell sind. In einem Schuljahrgang mit 100 Schülerinnen und Schülern gibt es im Schnitt sieben Jungen und Mädchen, die sich nicht (nur) für das andere Geschlecht interessieren. Es sind junge Frauen, die für eine Sportkameradin aus der Schwimmgruppe schwärmen. Junge Männer, die sich zu einem guten Freund hingezogen fühlen. Jugendliche, die sowohl etwas für Jungen als auch für Mädchen fühlen. Ihr Empfinden gehört zur Bandbreite von Sexualität dazu. Glaubst du nicht? Dann check das:

#respektcheck
respektcheck.de

Das Gute ist, wer anders als die Mehrheit liebt, muss sich heute nicht mehr so allein fühlen wie Generationen zuvor. Mittlerweile gibt es viele Prominente, die sich geoutet haben und selbstbewusst und stolz zu ihrer sexuellen Orientierung stehen:

- DJ Felix Jaehn
- Sängerin Lady Gaga
- Moderator Ricardo Simonetti
- Schauspielerin Kristen Stewart
- Profifußballer Jakub Jankto
- Sängerin Billie Eilish
- Politiker Kevin Kühnert

Für sie war die Jugend und damit das Aufflammen von Sexualität sicherlich umso mehr eine herausfordernde Zeit – genauso wie für alle, die nicht im Rampenlicht stehen.

Heftig ist diese Zeit auch für Jugendliche, die sich nicht dem Geschlecht zugehörig fühlen, mit dem sie geboren wurden, also Jungen, die lieber ein Mädchen wären, oder andersherum. Sie gehen oftmals sehr verunsichert durch diese Lebenszeit.

Eine Erhebung des Deutschen Jugendinstituts von 2017 zeigt, wie schwer es junge Menschen haben, die sich der LGBTQ+-Community zugehörig fühlen. Die Forschenden haben etwa 5000 Jugendliche unter anderem dazu befragt, wie es ihnen geht und was sie im Alltag erleben. Acht von zehn Befragten wurden schon mal diskriminiert:

- sie wurden auf offener Straße beleidigt oder beschimpft
- ihre sexuelle Orientierung wurde ignoriert oder nicht ernst genommen
- sie wurden von anderen ausgegrenzt
- ihnen wurde Gewalt angedroht oder angetan

Viele verschweigen daher, dass sie transgender, homo- oder bisexuell sind. Sie haben Angst davor, von anderen abgelehnt oder angefeindet zu werden. Beides verletzt, die Geheimniskrämerei ebenso wie die Diskriminierung. Die Folgen sind psychische Probleme: Studien zeigen, dass Jugendliche der LGBTQ+-Community

- häufiger depressiv erkranken
- unter starken Ängsten leiden
- eher den Drang haben, sich selbst zu verletzen
- eher zu Suizidgedanken neigen

Die Ursache dafür ist eine Mischung aus vielen Faktoren: das Gefühlschaos der Jugend, die vielen Veränderungen, zu wenige Vorbilder und vor allem, wie Mitschüler, die Familie und Freunde mit der anderen sexuellen Orientierung umgehen.

Jugendnetzwerk Lambda
lambda-online.de

Klar, wir leben in einer Zeit, in der wir viel offener über Homo- oder Bisexualität sowie Transgender sprechen als noch vor wenigen Jahren. Aber es gibt weiterhin viele Leute, die Menschen ablehnen, wenn sie sich nicht verhalten wie die Mehrheit.

Nicht alle zeigen das offen, aber die Hemmschwelle, jemanden deshalb anzugreifen, und sei es mit Worten, ist scheinbar noch immer gering. Sich zu outen hat daher noch immer etwas Mutiges, auch wenn es heute ganz normal sein sollte.

Offen sein und das auch zeigen. Wenn du bemerkst, dass jemand aus deiner Klasse, dem Sportverein oder der Musikschule sexuell vielleicht anders tickt als du, versuch es zu akzeptieren. Wen man liebt und was man fühlt, kann man sich nicht aussuchen.

Das Gespräch suchen. Wenn du das Gefühl hast, dass du mit niemandem über deine Sexualität sprechen kannst, und dies aber möchtest, vielleicht auch ganz viele Fragen hast, dann trau dich. Such dir jemanden zum Sprechen. Das kann eine Person sein, die du kennst und der du vertraust, etwa deine Eltern, eine Lehrerin, ein Freund.

Du kannst dich aber auch an eine Beratungsstelle wenden. Diese helfen kostenlos und auch ohne dass du deinen Namen sagen musst. Es gibt die Möglichkeit, anzurufen oder online Kontakt aufzunehmen.

3) Stress mich nicht: Was uns herausfordert

Gute Noten in der Schule, ein sinnvolles Hobby, die Familie regelmäßig sehen – und nebenbei erwachsen werden. Die Jugend ist eine coole Zeit, aber manchmal auch echt stressig.

Aber was ist Stress überhaupt? Alles, was bisher in diesem Kapitel Thema war, sind Stressmacher. Aber auch der Alltag selbst kann stressig sein. Stress ist alles, was dich aufregt und herausfordert.

Deshalb gibt es nicht nur schlechten Stress, sondern auch guten Stress. Das erste Verliebtsein zum Beispiel: Das ist wunderbar. Für Psyche und Körper ist es allerdings dermaßen aufregend, dass es auch eine Form von Stress ist. Aber eben eine gute Form, sogenannter Eustress. Er ist auch deshalb gut, weil er uns in beste Laune versetzt. Er lädt uns mit Energie auf. Lässt uns wie auf Federn durchs Leben gehen.

Andere Eustress-Momente:

- ein Wettkampf in deinem Lieblingssport
- Bungee-Jumping oder Achterbahn fahren
- ein Vortrag, für den du dich gemeldet hast, weil du das Thema so gut und wichtig findest
- ein Fest für eine Freundin organisieren
- ein Auftritt mit dem Chor oder der eigenen Band

Es gibt aber auch den schlechten Stress, sogenannter Disstress. Der macht uns grummelig, mies gelaunt. Er kostet uns einfach nur Kraft, ohne Energie zurückzugeben. Disstress kann durch ganz alltägliche Dinge hervorgerufen werden:

- Angst vor einem Test
- mehrere Termine kurz nach Schulschluss
- viele Hausaufgaben zum nächsten Tag
- Ärger mit dem besten Kumpel
- ein klärendes Gespräch, das man vor sich herschiebt

Oder noch größere Baustellen wie

- die stetigen Veränderungen in der Jugend
- die große Herausforderung Sexualität
- das Leben mit dem Smartphone
- massive äußere Krisen wie Gewalt, Krieg, Klimawandel und Pandemie

> **Familie in trouble.** Sie sind unsere Lebensbegleiter und bieten oftmals eine robuste Schulter zum Anlehnen – aber manchmal sind sie auch die größten Stressfaktoren: Eltern und Geschwister. Denn obwohl das Zuhause ein sicherer Hafen für uns sein sollte (und in den meisten Fällen auch ist), kann die Stimmung dort kippen und uns psychisch belasten. Das kann seelische Probleme begünstigen, zum Beispiel wenn
>
> - Mutter oder Vater viele eigene Probleme haben, wie zum Beispiel Geldsorgen oder eine psychische Erkrankung
> - man sich ständig mit Bruder oder Schwester streitet oder das Gefühl hat, mit ihnen in Kon-

kurrenz zu stehen oder von anderen miteinander verglichen zu werden – und dabei schlechter abzuschneiden

– man mit den Eltern immer wieder heftige Konflikte hat, sei es über Essen, Kleidung, Schlafenszeiten, den Freundeskreis, die Schule
– Mutter und Vater sich häufig streiten oder sich gerade trennen
– die Eltern sich wenig dafür interessieren, was man macht, egal ob in der Schule oder Freizeit

Wichtig ist es dann, einen anderen sicheren Hafen zu haben, also Menschen außerhalb des Elternhauses, mit denen man offen sprechen kann. Bei denen man sich wohlfühlt und von den Strapazen daheim Abstand gewinnen kann.

Wer daheim Gewalt erlebt, braucht professionelle Unterstützung. Das kann zum Beispiel eine Beratungsstelle für Familien sein, der Hausarzt oder eine vertrauenswürdige Lehrkraft. Schweigen belastet – und schützt den oder die Täter*in!

Manchen Stress machen wir uns wiederum selbst, etwa wenn wir versuchen

immer pünktlich zu sein
– stets gut auszusehen
– beste Noten nach Hause zu bringen
– Hausaufgaben perfekt zu erledigen
– die Eltern nicht zu enttäuschen
– immer für alle erreichbar zu sein auf dem Handy

- die Beste im Sportverein zu sein
- uns bloß nicht zu blamieren
- immer lässig und cool zu wirken

Der Hang zum Perfektionismus ist ein großer Stressor, und leider der Motor hinter zahlreichen psychischen Problemen, wie Depressionen oder Essstörungen. Nicht jeder perfektionistische Mensch ist deshalb gleich gefährdet, seelisch zu erkranken, aber das Risiko ist mit dieser (eigentlich positiven) Eigenschaft erhöht.

Was macht Dauerstress mit uns? Auf kurze Zeit ist er okay. Wir sind durch ihn voll fokussiert, etwa bei einer Matheprüfung. In unserem Körper wird Adrenalin ausgeschüttet. Dadurch sind wir wach und können handeln.

Haben wir aber jeden Tag so viel Stress, weil zum Beispiel fast jeden Tag ein Test ansteht, dann hängt der Körper irgendwann im Stressmodus fest. Der bedeutet für den Körper nichts Gutes: Die Stresshormone stärken kurzzeitig das Immunsystem. Wir fühlen uns also gesund und fit genug, um alles zu bewältigen, was ansteht.

Sobald wir aber nach einer längeren Stressphase eine Pause einlegen, wie etwa in den Ferien, werden wir richtig krank. Dann fällt der Pegel der Stresshormone. Die Urlaubsgrippe gibt den Ton an und fordert die Ruhemomente ein, die über Wochen fehlten.

Typische Anzeichen für zu viel Stress:

Schlafprobleme, zum Beispiel unruhiger Schlaf oder Probleme einzuschlafen. Stress bedeutet Anspannung und die ist das Gegenteil von Entspannung. Wer nicht entspannt ist, schläft schlecht.

Schmerzen, egal ob Kopf- oder Bauchschmerzen, Rücken- oder andere körperliche Beschwerden, für die es irgendwie keine rechte Ursache gibt. Sie entspringen oft der Anspannung, die durch Stress ausgelöst wird.

Stimmungstiefs. Oftmals geht unter zu viel Stress die gute Laune verloren, stattdessen geraten wir in Negativspiralen, haben zu nichts mehr Lust.

Überforderung, also das Gefühl, dem Ganzen nicht gewachsen zu sein und Aufgaben nicht erfüllen zu können – zumindest nicht zur eigenen Zufriedenheit oder der Zufriedenheit anderer. Schon kleinere zusätzliche To-dos machen einen fertig. Plötzlich ist Müll rausbringen einfach zu viel, und man wütet oder weint los.

Nicht jeden Stress kann man verhindern, und Eustress ist ja sogar wie eine Art Lebenselixier. Aber jede und jeder kann üben, besser mit den täglichen Herausforderungen umzugehen. Mehr dazu in Kapitel 5.

Das kannst du tun

Balance 1. Ein Gleichgewicht zwischen Aufregung und Ruhephasen gibt einem die Zeit, aufzutanken, und dem Kopf die Zeit, sich zu sortieren.

Balance 2. Manchmal kann positiver Stress den negativen auch ausgleichen: Sport reduziert zum Beispiel Stresshormone.

Ruheoase. Und wenn es nur 5 Minuten sind: Abschalten tut so gut und füllt die Energiespeicher wieder auf. Vielleicht kannst du beim Essen in der Mensa herunterfahren, die Augen schließen auf dem Heimweg im Bus, ruhige Musik hören oder während der Hofpause ins Grüne gucken. Mehr Ideen findest du in Kapitel 5.

Tief durchatmen. Schnelle, aufgeregte Atmung in stressigen Momenten führt zu einem Kohlendioxid-Abfall im Körper, der uns in einen Alarmzustand versetzt. Dann hilft das Gegenteil: Ganz bewusst tief einatmen und vor allem lange ausatmen. Dadurch kommt man wieder in den »Ruhemodus«.

Stressmacher reduzieren. Vielleicht gibt es in deinem Alltag auch Dinge, die Hektik oder Anspannung auslösen, die du aber vermeiden kannst. Zum Beispiel: Statt frühmorgens immer zum Bus rennen zu müssen, könntest du fünf Minuten früher aufstehen und einen Wecker zum rechtzeitigen Losgehen stellen.

Gespräch suchen. Wenn du das Gefühl hast, es wird dir alles zu viel, versuch mit jemandem darüber zu sprechen. Lass dir helfen. Manchmal gibt es schon ganz kleine Stellschrauben, an denen man drehen kann, und der Alltag ist weniger belastend.

4) 4 reel: #socialmedia

Ihr hört es vermutlich ständig: Pack das Handy weg! Du wirst noch süchtig!

Nervt, oder? Das kann ich gut verstehen. Trotzdem: Ein paar unangenehme Dinge sollte man über Smartphones und Social Media wissen.

Aber erst mal die guten Seiten. Denn davon gibt es viele:

- Mit Social Media bleiben wir immer in Kontakt mit unseren Freunden, auch wenn die mal ein Jahr im Ausland zur Schule gehen oder in einer anderen Stadt wohnen.
- Hier finden wir manchmal sogar leichter Leute, die wie wir ticken und Hobbys oder Interessen mit uns teilen, egal wo sie wohnen.
- Wir bleiben up to date, was in unserem Freundeskreis so geht, aber auch, wie unsere liebsten Promis sich ihre Zeit vertreiben.
- Wir haben Freunde und Bekannte auf der ganzen Welt.
- Wir erfahren von spannenden Podcasts und Playlists. Wir sehen dort Tiervideos, die uns zum Lachen bringen, oder Beauty-Posts, von denen wir was lernen.
- …

Du findest sicherlich noch mehr Dinge, wofür du deine Social-Media-Accounts liebst. Kein Wunder, dass wir alle viel Zeit online verbringen.

Eine Umfrage von 2023 offenbart, wie viel Zeit Jugendliche im Schnitt mit ihrem Smartphone verbringen. Insgesamt sind es 177 Minuten pro Tag, also fast drei Stunden – die meiste Zeit vermutlich in sozialen Medien, weniger auf der Mathe-App. Erst waren es tragbare Musik-Abspielgeräte, später der Fernseher, dann Nintendo-Konsolen und heute sind es Smartphones: Jede Jugendgeneration hat ihr Gerät, an dem sie kleben bleibt. Es scheint dazuzugehören.

Was ist aber nun eigentlich das Problem an Social Media? Grundsätzlich nichts. Aber wenn man zu viel Zeit damit verbringt, wenn es im eigenen Leben und Fühlen eine zu wichtige Rolle einnimmt, dann birgt es Risiken für psychische Beschwerden. Ein paar Schlagworte: #schlafmangel #fomo #einsamkeit #ständigevergleiche #suchtpotenzial #depression

#schlafmangel Soziale Medien sind interaktiv und können endlos genutzt werden. Auf Social Media ist nie Nachtruhe, irgendjemand postet immer was oder textet mit einem. Das kostet Schlaf. Jede*r von euch hat das bestimmt schon mal

erlebt: Vorm Zubettgehen nur noch mal kurz die Chats auf WhatsApp checken, nur ein paar TikTok-Videos schauen oder mal durch die Insta-Leiste scrollen. Und zack, ist eine Stunde um und ihr seid länger wach, als eigentlich geplant.

Direkt vor dem Schlafen an einem Bildschirm zu hängen, verwirrt unsere innere Uhr, sagen Schlafmedizinerinnen und -mediziner. Tablets und Handys strahlen Licht ab. Unser Körper reagiert darauf sensibel. Wird es draußen dunkel, wird in uns das Schlafhormon Melatonin ausgeschüttet und wir werden müde. Ist es hell, fährt das Melatonin zurück und wir sind wach. Wer mit dem Kopf schon auf dem Kissen liegt und dabei herumscrollt, macht den Kopf also eher an – durch das Licht. Dabei ist das eher bläuliche Licht von Handys und anderen Bildschirmen sogar besonders schlecht zum Einschlafen: Es macht noch wacher als das wärmere Licht von üblichen Zimmerlampen. Wer also noch ein Stündchen mit seiner Nachttischlampe liest, hat weniger Einschlafprobleme, als wer ins Handy schaut.

Das Gehirn lernt zudem die Verbindung *Bett* und *Social Media*, also *Jetzt passiert hier was* statt *Gute Nacht*. Mehr noch: Manchmal sehen wir auf den Social-Media-Channels Sachen, die uns aufwühlen, oder lesen eine Nachricht, die uns irritiert. Das macht ebenfalls wach. Mehr übers Schlafen in Kapitel 5.

#einsamkeit Wer besonders viel Social Media nutzt – nicht nur abends, sondern auch am Tag –, kann natürlich auch weniger am Real Life teilnehmen. Am Handy ist man meist allein mit sich und seinem Content. Klar, das ist auch manchmal einfacher. Social Media widerspricht nicht, will nicht so viel quatschen und macht meist Spaß.

Aber viel Zeit in den virtuellen Welten zu verbringen, macht auch einsamer in der echten Welt. Es bleibt weniger Zeit, sich mit anderen persönlich auszutauschen oder etwas gemeinsam zu unternehmen. Außerdem fällt es manchen durch die vielen Online-Stunden immer schwerer, überhaupt in Echtzeit mit jemandem ins Gespräch zu kommen, beisammen zu sein. Allein sein, sich einsam fühlen: Das macht traurig.

Vielleicht fühlst du dich sowieso allein und gehst deshalb so oft online. Da ist wenigstens was los und du kannst indirekt am Leben der anderen teilnehmen. Doch langfristig führt Social Media nicht aus der Einsamkeit heraus. Dabei helfen nur echte Bekanntschaften mit echten Menschen im echten Leben.

#ständigevergleiche Wieso bekommt sie so viele Likes und ich nicht? Boah, hat die einen flachen Bauch! Heftig, wie cool der surfen kann.

Kommen dir solche Gedanken bekannt vor? Sicherlich. Menschen vergleichen sich mit anderen. Plattformen wie Insta und TikTok bieten unendlich viele Möglichkeiten, genau das zu tun. Wir schauen uns an, welchen Sport andere machen, wie gesund sie essen, wie groß ihr Haus ist – und vergleichen es mit unserem Leben. Meist schneiden wir dabei deutlich schlechter ab. Die meisten Posts sind Poser-

Posts, sollen also zeigen, was man Geiles erlebt, wie hip man ist oder wie schön das eigene Leben ist. Ganz automatisch halten wir unseren Alltag dagegen, und ziemlich häufig ist der nicht so sexy. Was wir übersehen: Die Insta-Models haben auch einen Alltag, der total langweilig sein kann. Aber wer zeigt so was schon einem Millionenpublikum?

Obwohl wir Äpfel mit Kokosnüssen vergleichen, macht das automatische Abgleichen von Posts mit dem eigenen Leben etwas mit uns. Und zwar nichts Gutes.

Wir vergleichen uns mit anderen, um uns zu verorten, um mehr zu erfahren darüber, wer wir sind und wo wir stehen. Das kann sich auch auf unsere Stimmung auswirken. Wir gucken nach Menschen, die es schlechter haben als wir, wenn wir unser Bild von uns selbst aufhübschen wollen. »Schau mal, die hat eine schiefe Nase. Ich nicht.« Das tut dem Selbstwert gut.

Wenn wir uns stets mit Menschen vergleichen, die es scheinbar besser als wir haben, drückt das hingegen die Stimmung. »Die ist so alt wie ich und hat ein eigenes Modelabel. Ich nicht, stattdessen hocke ich Tag für Tag in der Schule.« Klar kommt bei so was Neid auf. Wir alle wollen bedeutsam sein.

Social Media gibt uns das Gefühl, dass wir nur besonders und wertvoll sind, wenn wir mit Geld, einem Karibikurlaub oder einem perfekten Körper protzen können. Das gibt richtig viele Herzen.

Manchmal macht es Spaß, sich die Schönheit des Lebens

von anderen Menschen anzusehen. Man bekommt neue Ideen, manche Posts machen einem Mut. Aber meist ist es doch so: Swipen wir viele Stunden pro Woche durch diese Hochglanzfoto-Welten, dann fühlen wir uns am Ende wie in einem unscharfen Schwarz-Weiß-Foto, das auf knittrigem Papier gedruckt wurde.

Studien haben genau das bestätigt: Der Vergleich auf Social Media zieht uns runter. Wir machen uns dabei selbst klein. Das ist nicht der Grund, warum jemand psychisch erkrankt, aber es ist ein Faktor, der jemanden mit psychischen Problemen zusätzlich belasten kann – und am Ende vielleicht sogar zu einer psychischen Erkrankung beiträgt.

Müsst ihr nun also auf Insta, TikTok und andere Kanäle verzichten? Ja und nein. Psychologinnen vom Bodensee haben 2022 in einer Studie gezeigt, was es bewirkt, wenn man eine Woche ohne Social Media verbringt.

Tatsächlich tat es den Teilnehmenden richtig gut. Sie waren zwischen 16 und 27 Jahre alt und in der Mehrheit sonst täglich auf Instagram. Die Gruppe, die eine Woche abstinent lebte, zeigte direkt danach weniger Anzeichen einer Depression, fühlte sich selbstbewusster und mental besser als vor der Woche. Das Komische: Der anderen Gruppe ging es genauso. Sie musste nicht auf Social Media verzichten und alle haben weiter fröhlich jeden Tag durch die Reels und Storys gescrollt. Aber auch sie fühlten sich nach einer Woche psychisch gesünder.

Was ist hier passiert? Das Forschungsteam hat eine Vermutung: Sie nehmen an, dass schon die Teilnahme an der Studie etwas bewirkt hat, egal, ob man verzichten musste oder nicht. Beide Gruppen haben zum Beispiel einen Fragebogen beantwortet, in dem sie angeben sollten, wie viel Zeit sie auf Social Media herumhängen. Zusätzlich sollten sie sagen, wie es ihnen mental geht. Da hat es bei vielen schon Klick gemacht. Ihnen war plötzlich bewusst, wie viele Stunden sie da scrollen und swipen. In der Folge haben sie vielleicht, auch ohne eine Woche verzichten zu müssen, ihre Zeit auf den Plattformen von alleine etwas heruntergefahren. Und das tat ihrer Seele gut.

#suchtpotenzial Das Handy einfach mal weglegen? Das fällt vielen echt schwer, nicht nur Jugendlichen. Aber das hat nicht immer gleich was mit Sucht zu tun. Schaut euch mal in der Bahn oder im Bus um, wie viele den kleinen Bildschirm anstarren. Erwachsene Männer, die auf dem Handy mit ernster Miene Candy Crush spielen, und erwachsene Frauen, die minutenlang wie auf Schatzsuche die Kontaktvorschläge auf Facebook durchgucken. Sicher kann man seine Lebenszeit besser verbringen, aber heißt das gleich, dass man abhängig ist?

Es gibt viele verschiedene Gründe, weshalb Menschen nach etwas wirklich süchtig werden können (mehr über Sucht in Kapitel 4). Aber gerade soziale Medien haben es in sich, denn sie funktionieren wie Glücksspielautomaten. Das sind diese blinkenden und bunten Dinger, die oft in Imbissbuden oder auch Gaststätten herumstehen. Las Vegas ist voll davon, Spielhallen in Deutschland auch.

Wie läuft das ab? Man wirft ein paar Münzen hinein, in der Hoffnung, eine große Summe Geld zu gewinnen. Meist geht man aber leer aus. Nur ab und zu schmeißt das Gerät dann doch einen Gewinn heraus. Bäm, was für ein Gefühl! Macht richtig Spaß. Das Gehirn schüttet Botenstoffe aus, die sonst bei Drogen oder Sex den Körper in einen Zustand größten Glückes versetzen. Zack, ist man am Haken. Und wirft wieder Münzen ein.

Vielleicht gewinnt man ja noch mal. Man will das tolle Gefühl wieder erleben. Die Freude, wenn die Münzen klackernd herausprasseln. Das Gemeine: Der Gewinn erfolgt total random, sodass man es nicht berechnen kann. Selbst wenn man Knöpfe zum Drücken hat, entscheidet die Maschine, ob wir was bekommen oder nicht. Der Knopf gaukelt uns nur vor, dass es unser Handeln ist, unser Talent.

Und genauso funktionieren auch die Algorithmen auf Facebook, Instagram und TikTok – beziehungsweise wir Menschen, wenn wir auf den Plattformen surfen. Die Seiten sind so programmiert, dass wir ganz viel zu sehen bekommen, was uns nicht wirklich interessiert (unter anderem auch Werbung), und dann gibt es dazwischen immer wieder etwas, das uns catcht. Wir lesen, schauen oder folgen einem Link. In unserem Gehirn läuft dann das Gleiche ab wie bei jemandem am Glücksspielautomaten, wenn die Münzen herauspurzeln. Es schüttet Glückshormone aus. Wir sind kurz glücklich. Und wir wollen mehr davon. Das geht dann so: Uninteressant. Uninteressant. Uninteressant. Uninteressant. Uninteressant. Furchtbar lustiges Katzenvideo. Haha! Weitergescrollt. Uninteressant. Uninteressant. Uninteressant. Uninteressant. Peinliches Video von einem Promi. Haha! Weitergescrollt ...

Glücksspiel kann süchtig machen. Und deshalb vermutlich auch soziale Medien. Es sind die gleichen Mechanismen, die uns immer weiter hineinziehen. Die dazu führen, dass es uns so schwerfällt, abzuschalten. Und wie beim Glücksspiel gewinnt auf lange Sicht immer der Automat. Das heißt: Je länger wir auf Social Media scrollen, desto mehr Werbung haben wir gesehen und desto mehr Datenspuren hinterlassen. Beides ist viel Geld wert für die Unternehmen, die Instagram und dergleichen entwickelt haben. Sie verdienen Milliarden damit.

Das kannst du tun

Dich selbst beobachten. Versuch mal, dich einen Tag lang zu beobachten: Wie oft und in welchen Situationen greifst du zum Handy? Was genau machst du dann? Und wie geht es dir danach? Vielleicht fällt dir ja auf, dass es doch ganz schön oft ist und du meist nur scrollst, ohne wirklich hinzugucken. Das zu erkennen, hilft schon, das Smartphone ab und zu mal in der Tasche zu lassen.

Alternativen finden. Du musst nicht aufs Handy verzichten. Aber probiere mal in manchen Momenten, das Gerät bewusst in der Tasche zu lassen – und was anderes zu machen. In Schulpausen mit Leuten quatschen, beim Bahnfahren die Menschen angucken, beim Fußweg in die Natur schauen. Was dir so einfällt.

5) Über die Grenze: Cybermobbing

Bedrängen, pöbeln, attackieren: Das bedeutet der Begriff Mobbing, wenn man ihn aus dem Englischen übersetzt. Mobbing ist Alltag in vielen Schulen und läuft dort oft auch viel subtiler ab: Ausschluss oder Ignorieren von Menschen kann ebenfalls Mobbing sein. Umfragen ergeben, dass in letzter Zeit vor allem die Pöbelei im Internet häufiger wird. In einer Klassenstufe mit 100 Schülerinnen und Schülern wurde 61 von ihnen schon mal online heftig zugesetzt. Man spricht von Cybermobbing. Vor allem während der Pandemie, als der meiste Austausch digital ablief, wurde dies zu einem immer größeren Problem.

Was zählt eigentlich alles zum Cybermobbing? Forschende haben mehrere Tausend Jugendliche zwischen 14 und 17 Jahren aus Deutschland im Rahmen der sogenannten Sinus-Studie dazu befragt – sowohl per Online-Fragebögen als auch in längeren Gruppengesprächen. Was die Jugendlichen schon mal erlebt haben:

- Beleidigungen (besonders häufig)
- Verbreiten von Gerüchten
- Ausschluss aus Chatgruppen oder gezielte Belästigung mit Nachrichten und Bildern
- Verbreitung peinlicher Videos oder Bilder

- Ausplaudern von Geheimnissen oder vertraulichen Informationen im Netz
- Diebstahl von Passwörtern oder gar der Online-Identität, mit der dann zum Beispiel falsche Nachrichten versandt wurden
- Stalking

Eine Person, die mobbt, erlebt in dem Moment Macht. Sie kann eine Situation kontrollieren, einen Menschen beeinflussen – und sei es nur, um ihn zum Weinen zu bringen. Häufig neigen Personen dazu, andere zu attackieren, wenn sie selbst mit sich hadern, wenig Selbstbewusstsein haben. Durch das Niedermachen eines anderen Menschen erheben sie sich über ihn und werten sich selbst (zumindest scheinbar) auf. Das Gefühl, etwas bewirken zu können, und sei es, indem sie herablassend und verächtlich sind, gibt ihnen Kraft.

Manchmal sind Menschen, die mobben, früher schon mal selbst gemobbt worden. Dieser Mechanismus ist online genauso wie offline zu beobachten.

Online ist der Ton – auch unter Erwachsenen – oftmals viel härter. Man steht sich nicht gegenüber und muss die Reaktion des anderen nicht mitansehen. Das verleitet dazu, einfach draufloszupoltern. Dabei sitzen vor den Bildschirmen ja weiterhin Menschen, die diese Aussagen verletzen können und die sich davon angegriffen oder ausgegrenzt fühlen.

Jugendlichen begegnet Cybermobbing vermutlich besonders häufig, weil sie sich auf so vielen Kanälen tummeln, auf denen das stattfinden kann. Vor allem auf WhatsApp fallen gemeine Worte, werden Memes oder Gerüchte gedroppt. Cybermobbing läuft aber auch auf Instagram, TikTok, Facebook und Snapchat ab.

Anders als auf dem Schulhof steht dann keine Lehrkraft oder eine andere erwachsene Person mit im virtuellen Raum. Und online kann man sich auch maskieren und unter falschem Namen sowie ohne Foto spotten.

Anonyme, kostenlose
Beratung bei Cybermobbing:
juuuport.de

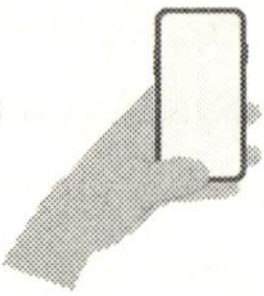

Demokratie schützt die Psyche. Rechtsextreme Politiker*innen, zum Beispiel aus der AfD und Organisationen wie der Identitären Bewegung, fordern eine Gesellschaft, in der Menschen mit anderer Herkunft, anderem Aussehen, anderer sexueller Orientierung oder anderer politischer Haltung ausgegrenzt werden. Das hat im Januar 2024 ein Treffen von rechtsextremen Unternehmer*innen und Politiker*innen gezeigt, über das investigative Journalisten berichtet haben. Rechtsextremismus ist eine Gefahr für die Demokratie, für die Gesellschaft – und für die Gesundheit.

Demokratische Werte wie Gleichberechtigung und

Einigkeit darüber, dass die Würde des Menschen unantastbar ist, ermöglichen, dass jeder Mensch unversehrt aufwachsen kann. Dass jede*r sich entfalten kann, wie er oder sie möchte, und ein Leben führen kann, wie es ihr oder ihm gefällt. Dass Schwächeren geholfen wird. Dass Minderheiten eine Stimme erhalten.
Ist dies gefährdet, kann das unter anderem auch seelische Auswirkungen haben. Die Bundespsychotherapeutenkammer warnte im Februar 2024 vor der Gefahr durch Hass und volksverhetzende Parolen: »Diffamierungen, Stigmatisierungen, Diskriminierungen, Antisemitismus und Rassismus gefährden die psychische Unversehrtheit und Gesundheit oder sogar das Leben, wenn körperliche Gewalt ausgeübt wird.«

Mittlerweile machen sich auch einige Promis für einen besseren Umgang miteinander im Netz stark. Die *Elevator Boys* zum Beispiel werben für mehr respektvolle Kommentare und Nachrichten online. Zu großen Gala-Abenden tragen sie jetzt manchmal Klamotten mit Aufschriften wie *Hate Can Kill* (Hass kann töten), *Human Rights also Count Online* (Menschrechte gelten auch online), *Stop Hate Now* (Stoppe den Hass jetzt).

Sie unterstützen damit den Verein *HateAid*. Dort können sich Menschen Hilfe suchen, wenn sie Opfer von Hass und Hetze im Internet geworden sind.

Verein HateAid

hateaid.org

Nicht ohne Folgen. Hasserfüllte Kommentare, in denen jemand droht, gewalttätig zu werden, werden von der Polizei geahndet. Das Internet ist kein straffreier Raum, auch hier gelten Gesetze – und die Regeln des normalen Miteinander. Mittlerweile gibt es schon erste Gerichtsurteile wegen Online-Hetze und beleidigender Posts.

Warum ist Mobbing auf dem Schulhof oder im Netz eigentlich so gefährlich? Die Pöbelei belastet psychisch sehr. Wenn wir den ganzen Tag hören, dass wir nichts wert sind, wenn wir so behandelt werden oder keiner aus der Klasse uns beachtet, verinnerlichen wir dies. Wir denken irgendwann selbst, dass wir nicht liebenswert sind und zu nichts nutze. Wir ziehen uns zurück, vereinsamen. Wir sprechen mit niemandem drüber, weil wir denken, das ist nur gerecht, was uns widerfährt – und weil wir uns schämen.

Mobbing macht nicht immer gleich krank, aber es macht die Betroffenen sehr traurig und unsicher. Viele haben große Angst, etwa vor dem Unterricht. Manche gehen nicht mehr in die Schule aus Furcht vor neuer Häme. Das alles kann auf Dauer zu Depressionen führen oder Angsterkrankungen auslösen. Manche denken sogar an Selbsttötung, weil sie so verzweifelt sind.

Beistand leisten. Signalisiere der Person, die gemobbt wird, dass du ihr helfen willst. Frag sie, was sie braucht und was ihr guttun würde. Niemand hat es verdient, wie ein Nichts behandelt zu werden.

Aufmerksam sein. Wenn du mitbekommst, dass jemand in deiner Klasse oder im Freundeskreis gemobbt wird, egal ob online oder face-to-face, dann geh dazwischen oder such dir jemanden, der dich dabei unterstützt. Das können Erwachsene oder andere Gleichaltrige sein. Sprecht zum Beispiel eine Lehrkraft oder einen Sozialarbeiter eurer Schule an. Professionelle Beratungsstellen können euch auch weiterhelfen.

Zeichen gegen Mobbing.
zeichen-gegen-mobbing.de

6) Tu mir nicht weh: Gewalt

Ein Schlag mit der flachen Hand, ein Fußtritt oder Anrempeln: Gewalt hat viele Gesichter. Nicht alle sind uns bewusst. Was unter anderem zu Gewalt zählt:

- schubsen und stoßen
- bedrohen oder einschüchtern

- böswillige Gerüchte streuen
- einen Gegenstand nach jemandem werfen
- herablassende Witze über eine Person
- jemanden gegen seinen Willen festhalten
- jemanden stalken

Häufig spielen Außenstehende genauso wie Täterinnen und Täter herunter, was passiert ist. Aber es geht nicht darum, ob *sie* darin etwas Schlimmes sehen. Es geht immer darum, ob es die Person, die geschlagen oder gemobbt wird, als bedrohlich oder verletzend empfindet. Und dann ist es Gewalt. Denn alle diese Dinge fühlen sich schlimm an – und überschreiten eine Grenze.

Weshalb erschüttert uns Gewalt eigentlich so? Es gab schließlich Jahrhunderte, da sind die Menschen sogar zu Marktplätzen spaziert, um sich dort anzusehen, wie andere Menschen geköpft wurden. Aber: Unsere Gesellschaft hat sich seitdem sehr gewandelt. Gewalt ist verpönt – aus gutem Grund. Denn sie tut weh, in jeder Form. Dafür braucht es nicht immer sichtbare Wunden. Schläge, Beschimpfungen und gemeine Lügen erschüttern. Sie verletzen unser Urvertrauen in andere Menschen und die Gemeinschaft, in der wir leben. Das nimmt uns das Gefühl von Sicherheit, mit dem wir geboren werden und das uns durchs Leben begleiten soll. Die Folge können seelische Narben und Erkrankungen sein.

Körperliche Gewalt ist unter Schülerinnen und Schülern nicht selten. In einer Klasse mit 30 Leuten haben im Schnitt sechs im vergangenen Jahr Gewalt erlebt. Viele Vorfälle finden in oder vor der Schule statt.

Rangeleien sind in der Jugend normal und nicht ungewöhnlich. Gleichzeitig kann es Jungen oder Mädchen geben, die daran zu viel Gefallen finden und sozusagen über die Stränge schlagen. Deshalb sind sie aber nicht gleich mental krank.

Aggression ist grundsätzlich ein sinnvolles Werkzeug. In Urzeiten haben wir sie zum Beispiel gebraucht, um gefährliche Feinde wie Raubtiere abzuwehren. Sie befähigte die Menschen dazu, sich zu verteidigen. Dabei versetzen Botenstoffe im Gehirn den Körper in Bereitschaft für eine körperliche Auseinandersetzung.

Heute gibt es allerdings kaum noch bedrohliche Feinde, die wir körperlich bekämpfen müssen. Menschen in modernen Gesellschaften handeln Konflikte eher über Gespräche aus (große Kriege mal ausgenommen). Deshalb ist die Aggression in uns aber nicht verschwunden. Sie hat allerdings oft andere Funktionen.

- Sie dient dazu, den eigenen Willen durchzusetzen.
- Sie wird durch Angst ausgelöst. Wer sich bedroht fühlt, geht manchmal in den Angriffsmodus.
- Werden die eigenen Grenzen überschritten oder wird man massiv gekränkt, kann Aggression eine Reaktion darauf sein.
- Manche stärken damit ihren Selbstwert. Wer Gewalt

ausübt, erhebt sich über eine andere Person. Das kann kurzzeitig das Gefühl von Überlegenheit auslösen.

Natürlich sollten Aggression und Gewalt nicht der Weg zum Ziel sein. Doch manche Menschen haben (noch) nicht gelernt, wie es anders geht. Sie haben keine Idee, wie sie andere durch Worte von etwas überzeugen können, und ein »Nein« können sie auch nicht hinnehmen. Ihnen fehlen Strategien, anders mit ihrer Wut, Angst oder Kränkung umzugehen. Das hat nicht unbedingt etwas mit einer psychischen Erkrankung zu tun.

Manche haben selbst schwere Päckchen zu schultern. Gewalttätige Jugendliche kopieren nicht selten, was sie zu Hause erleben. Schläge, Tritte und Handgreiflichkeiten sind für sie eine Art Ventil, um Luft abzulassen – aber auch, um das Gefühl von Kontrolle zurückzuerlangen, das ihnen sonst im Leben vielleicht fehlt. Deshalb brauchen nach einer Gewalttat nicht nur die Opfer oft psychologische Unterstützung, sondern auch die Täterinnen und Täter. Sie müssen ihr Verhalten überdenken und neue Wege lernen, ihre Gefühle zu äußern.

Aggression muss sich nicht immer über Fäuste äußern. Auch psychische Gewalt ist schmerzhaft. Sie ist nicht sichtbar und manchmal nur einen Satz lang:

- Was kannst du schon?
- Aus dir wird nie etwas.

- Du bist so peinlich.
- Mit dir wollen wir nicht in einer Mannschaft sein.

Sätze wie diese verletzen, verunsichern oder reißen einem den Boden unter den Füßen weg. Nichts schlägt so durch wie bittere Worte, vor allem in der Jugend, vor allem von Gleichaltrigen, vor allem von Menschen, die wir mögen. Es ist schwer, solche Sätze von sich abzustreifen, besonders wenn sie häufig fallen.

Wer sich so etwas immer wieder anhören muss oder gezielt gemobbt wird, braucht Hilfe und Beistand. Damit aus den vielen Verletzungen keine dauerhaft offene Wunde wird, also keine psychische Erkrankung.

Eine Form von Gewalt, die ebenfalls tiefe innere Wunden hinterlassen kann, ist häusliche Gewalt, also wenn beispielsweise der Vater die Mutter schlägt, oder die Mutter die Kinder. Im Jahr 2022 wurden mehr als 135000 Kinder, Frauen und auch Männer Opfer von Gewalt innerhalb der Familie. Viele erleben in den eigenen vier Wänden, wo sie sich eigentlich sicher fühlen sollten, die Hölle.

In jeder Schule in Deutschland gibt es Kinder oder Jugendliche, die zu Hause geschlagen werden oder mitansehen müssen, wie ein anderes Familienmitglied Gewalt erfährt. Sie sind in Gefahr und brauchen jemanden an ihrer Seite. Sie benötigen eine seelische Stütze und körperlichen Schutz.

Gegen Gewalt. Wenn du Zeuge von Gewalt wirst, versuch je nach Situation, dich einzumischen, oder such dir Unterstützung, um dazwischenzugehen. Sprich dich gegen jegliche Gewalt aus. Dabei ist aber oberste Priorität, dass du dich selbst nicht in Gefahr bringst!

Hilfe suchen. Wenn du von jemandem weißt, der oder die Gewalt erlebt, oder selbst betroffen bist, such dir Hilfe! Du allein kannst die Situation nicht ändern. Du brauchst jemanden, der dir Halt gibt. Sprich mit einer Person, der du vertraust, etwa jemandem aus der Schule, aus dem Verein oder Chor, oder mit einer Freundin. Du kannst dich aber auch online oder telefonisch an professionelle Beratungsstellen wenden. Dort erhältst du Rat und Beistand, ohne deinen Namen sagen zu müssen, und die Hilfe kostet nichts.

Nummer gegen Kummer
nummergegenkummer.de

7) Das ist mein Körper: Sexualisierte Gewalt

Sexuelle Übergriffe unter Jugendlichen sind nicht selten. Jede dritte Schülerin wurde schon einmal gegen ihren Willen an Po oder Busen betatscht; mehr als jede zehnte berichtete von dem Versuch, sie zum Geschlechtsverkehr zu zwingen. Einige wurden zu Nacktfotos genötigt oder dazu gedrängt, sich auszuziehen. Auch Jungen erleben Übergriffe: 5 von 100 wurden schon mal gegen ihren Willen begrapscht, etwas weniger mussten sich küssen oder am Penis berühren lassen, und vereinzelt wurden sie zum Sex gedrängt. Häufig sind die Täterinnen oder Täter eigentlich Freunde, Klassenkameraden, frühere Partnerinnen oder Partner sowie Bekannte.

Hilfeportal sexueller Missbrauch
hilfe-telefon-missbrauch.online

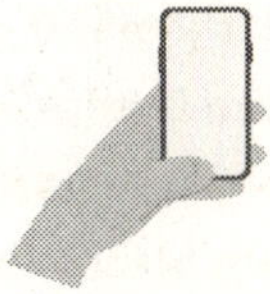

Warum passiert das unter Gleichaltrigen so häufig?

Forschende vermuten mehrere Dinge: Sexualität ist in der Jugend noch ganz neu, manche können die Grenzen von anderen noch nicht so gut einschätzen. Vielleicht deuten sie auch Signale der anderen falsch.

Viele der Täterinnen oder Täter erleben daheim Gewalt oder einen rauen Umgang. Sie haben selbst nicht gelernt, wo ihre Grenzen liegen oder diese deutlich zu machen. Das rechtfertigt natürlich nichts. Es kann aber manchmal erklären, wie es zu Übergriffen kommt.

Wichtig ist, dass über Sexualität und No-Gos offen gesprochen wird, etwa im Unterricht, im Freundeskreis sowie in Partnerschaften.

Vor allem in sozialen Medien und Chatforen werden schnell Grenzen überschritten. Dort sind viele eher anonym unterwegs und die Hemmschwelle deutlich geringer als face-to-face.

Hier ein paar Beispiele, was alles online zu sexualisierter Gewalt gerechnet wird – und was du dir nicht gefallen lassen solltest, sondern am besten meldest:

- Wenn dich jemand auffordert, Nacktbilder von dir oder deinen Genitalien zu senden
- Wenn du von jemandem unaufgefordert Bilder von dessen Geschlechtsteilen geschickt bekommst
- Wenn dir jemand pornografische Filme oder Bilder schickt

Hilfe bei sexueller Belästigung im Internet: juuuport.de

Das anzügliche Kommentieren von Körpern geschieht auch oft in der realen Welt, sogar auf offener Straße, lautstark. *Catcalling* überschreitet ebenfalls persönliche Grenzen. Dazu zählen:

- einer attraktiven Person hinterherpfeifen
- sich provokant in den Schritt fassen, wenn eine attraktive Person vorbeikommt
- anzügliche Sachen hinterherrufen, wie »Geiler Arsch!« oder »Zeig mal deine ***«

Solche Anmachen gelten als sexuelle Belästigung. Sie können den Opfern Angst machen, denn im Hinterkopf kommt die Furcht auf, dass es vielleicht nicht nur bei Pfiffen und unangemessenen Nachrufen bleibt. Manche gehen nach solchen Vorfällen unsicherer durch die Straßen oder kleiden sich zurückhaltender. Noch dazu reduzieren solche Situationen die Menschen auf ihr Äußeres, sie werden begafft und beurteilt wie ein Objekt.

Viele Opfer von Catcalling, aber auch von anderen Übergriffen, geben sich selbst die Schuld. Sie denken: Der Rock war zu kurz, der Ausschnitt zu tief, das Hemd zu eng geschnitten. Das ist Quatsch!

Schuld an sexuellen Übergriffen sind immer die Täterinnen und Täter. Nicht du, weil du etwas Besonderes trägst, dich schön zurechtgemacht hast oder elegant läufst.

Dazwischengehen. Wenn du beobachtest, dass jemand bedrängt oder begrapscht wird, wenn du Zeuge von sexueller Belästigung auf der Straße oder im Internet wirst, versuche, die Situation zu stören – ohne dich selbst in Gefahr zu bringen. Vielleicht bittest du jemanden um Unterstützung.

Das Opfer ernst nehmen. Das Opfer hat keine Schuld. Zu fragen, warum jemand sich nicht gewehrt hat, unterstellt eine Mitschuld. Wenn jemand von sexualisierter Gewalt berichtet, sollte man das immer ernst nehmen. Melde den Vorfall bei Erwachsenen.

Je nachdem, wo und in welchem Umfeld er stattfand, kann das zum Beispiel eine Lehrkraft sein, die Eltern oder eine Trainerin im Sportverein.

Wenn du betroffen bist. Sprich mit jemandem über das, was du erlebt hast. Es für dich zu behalten, kann psychisch stark belasten. Sich zu öffnen, lässt die Erinnerungen und Ängste nicht verfliegen – aber es kann helfen. Zusätzlich kannst du vielleicht bewirken, dass der oder die Täter*in zur Rechenschaft gezogen wird oder dir nicht mehr gefährlich werden kann.

8) Plötzlich ganz nah: Krieg und Flucht

Seit dem 24. Februar 2022 ist Krieg plötzlich ganz nah. Russland hat an dem Tag die Ukraine angegriffen, die Kämpfe zwischen beiden Ländern halten an. Der Frieden in Europa ging mit einem Mal verloren. Im Herbst 2023 flammte dann der Konflikt in Nahost wieder auf.

Dass der Krieg sich für manche besonders bedrohlich und nah anfühlt, hat mehrere Gründe.

- Die Ukraine ist ein Teil von Europa, also nicht so weit weg.
- Nachrichten und Social-Media-Kanäle senden täglich neue Bilder von Explosionen und Trümmern und von verletzten, aber vor allem verzweifelten Menschen.
- Geflohene Familien wohnen in der Nachbarschaft, die Kinder gehen auf deine Schule. Ihr seid vielleicht befreundet und du hörst vielleicht sogar, was sie durchmachen und durchgemacht haben.

- Wer selbst aus einer Kriegsregion fliehen musste, wird durch die neuen Konflikte daran erinnert. Oft kommen dann belastende Bilder und Szenen aus dem Gedächtnis hoch.

Der Krieg in der Ukraine ist leider nicht die einzige Krise in diesen Tagen. Vielerorts brodelt es, kämpfen Menschen gegeneinander, herrscht Krieg. Schon seit Jahren fliehen immer mehr Menschen aus ihrer Heimat, zumeist, weil es dort für sie nicht mehr sicher ist.

Bestimmt kennst du auch welche. Mehr als 200 000 Kinder und Jugendliche, die aus der Ukraine geflohen sind, besuchen heute Schulen in Deutschland. Dazu kommen junge Menschen aus anderen Regionen wie Syrien, wo Bürgerkrieg herrscht. Manche kommen aus Gegenden, wo ihre Familie wegen ihrer Religion oder Ethnie verfolgt wird und sie Angst um ihr Leben haben mussten.

Sie kommen nach Deutschland, um hier sicher zu sein. Viele von ihnen haben Schlimmes erlebt und gesehen. Sie haben um ihr Leben gefürchtet oder um das ihrer Eltern und Geschwister. Und vielleicht nicht nur einmal, sondern immer wieder, wochenlang.

Nur weil sie jetzt bei uns in Sicherheit sind, verschwinden diese Erinnerungen aber nicht gleich. Sie haben sich eingebrannt. Kinder und Jugendliche, die flüchten mussten, können oft nur schlecht schlafen, weil Bilder von zu Hause oder von der Zeit auf der Flucht sie verfolgen. Einige haben Depressionen oder massive Ängste. Bei jedem Menschen äußert sich das anders: Manche ziehen sich zurück, reden kaum. Andere werden zum Klassenclown. Wieder andere sind schnell aggressiv oder noch mal andere weinen schnell. Sie alle brauchen unsere Geduld und Unterstützung. So wie wir es uns auch wünschen würden, wenn unser Leben gerade kopfsteht und wir mental verletzlich sind.

Seit dem Krieg in der Ukraine ist für viele Jugendliche eine Frage zentral: Wird es bei uns auch Krieg geben? Diese Frage kann niemand mit Sicherheit beantworten. Du kannst davon ausgehen, dass die Menschen im Bundestag alles dafür tun, dass dies nicht passiert. Keiner will Krieg in Deutschland. Hilfreich zu wissen ist auch: Der Krieg in der Ukraine findet in Europa statt, aber immerhin 900 Kilometer von hier entfernt. Zugleich gehört Deutschland der NATO sowie der EU an. Beide Staatenbünde sind stark und schützen ihre Mitgliedsländer.

Dennoch: Wir können uns dem Geschehen in der Welt nicht ganz entziehen. Die Nähe zum Krieg macht Angst. Die Ereignisse machen traurig, sie schockieren uns. Deine Ängste und Sorgen sind berechtigt. Und doch kannst du etwas tun, damit dich die Lage nicht überfordert.

Das Gespräch suchen. Wann immer dich eine Situation zu sehr herausfordert, suche dir jemanden, mit dem du drüber sprechen kannst. Das kann zum Beispiel die Klassenlehrerin sein, deine Tante oder ein guter Freund. Vielleicht kannst du deine Lehrkräfte auch darum bitten, dass ihr das Thema im Unterricht bearbeitet.

Geflüchteten helfen. Wenn bei dir in der Umgebung Menschen aus Krisenregionen untergebracht sind, kannst du ihnen helfen. Die meisten Einrichtungen für Geflüchtete organisieren kleine soziale Projekte, wo sich auch Jugendliche einbringen können. Frag doch mal bei dir in der Nähe nach. Denn wenn man an einer Situation grundsätzlich nichts ändern kann (wie zum Beispiel Krieg), hilft es auch dem eigenen Wohlbefinden, doch etwas tun zu können. Und sei es, Kleidung oder Spielzeug zu spenden.

Vielleicht gibt es ja eine geflüchtete Person in deiner Klasse, der du bisher wenig Beachtung geschenkt hast. Kommt doch mal ins Gespräch, am besten über ganz normale alltägliche Dinge. Vielleicht verbindet euch mehr, als ihr denkt. Er oder sie freut sich sicherlich über Austausch. Und dir tut es auch gut.

Auch mal abschalten. Der Krieg hört nicht auf, wenn du ihn ignorierst. Er hört aber auch nicht auf, wenn du ihn stundenlang oder mehrmals täglich auf TikTok verfolgst (#doomscrolling). Es ist wichtig, dass du informiert bist und weißt, was in der Welt passiert. Wir müssen hinsehen. Die Menschen, die sich im Krieg befinden, sollten wir nicht wegdrücken. Aber nimm dir regelmäßig eine Auszeit von solchen Nachrichten. Damit dich die Krisenmeldungen der Welt nicht überfordern, versuche, dich damit höchstens einmal am Tag zu beschäftigen. Auf diese Weise kannst du zwischendurch mental auftanken, ohne zu ignorieren, was vor sich geht.

9) Kein Planet B: Die Klimakrise

Am Ende des 21. Jahrhunderts, also in nicht einmal 80 Jahren, werden große Teile dieser Erde schon nicht mehr bewohnbar sein, falls die Erwärmung des Planeten ungemindert voranschreitet. Da sind sich die Klimaforschenden einig und belegen dies mit komplexen Berechnungen.

Diese Prognose hat es in sich: In den betroffenen Gebieten leben heute noch viele Hunderte Millionen Menschen. Sie alle könnten also in wenigen Jahrzehnten ihre Heimat verlieren, aus den lebensfeindlichen Gebieten flüchten – oder sterben.

Was heißt das für uns? Große Ströme von Menschen ohne Heimat werden gen Norden ziehen, es könnte Kriege um Wasser und Land geben. Viel Leid. Dazu weiterhin dramatische Wetterphänomene. Und schon heute löst das bei manchen massive Angst aus.

Klimaschutz und Klimakrise sind wichtige Themen für Jugendliche. Das zeigt unter anderem die Sinus-Jugendstudie von 2022. Dafür wurden mehr als 2000 Jungen und Mädchen zwischen 14 und 17 Jahren befragt. Der Klimawandel bekam auf einer Skala von 1 bis 10 zur Frage, wie wichtig das Thema ist, von der großen Mehrheit der Jugendlichen eine acht, neun oder zehn. Gleichzeitig haben knapp 40 Prozent der Jugendlichen große Angst davor, was kommen mag. Zu den befürchteten Szenarien gehören Dürren, Starkregen, Stürme sowie die Sorge, dass Menschen und Tiere ihren Lebensraum verlieren. Oder dass es Kriege um Wasser oder negative Folgen für die Gesundheit geben könnte. Und tatsächlich kann es all das geben – auch Folgen für die psychische Gesundheit.

Schon jetzt berichten Psychotherapeutinnen und -therapeuten davon, dass in ihren Praxen Menschen mit großen Sorgen und Ängsten über die Klimakrise sprechen.

Extremes Wetter wie Temperaturen über 40 Grad sind für Menschen Stress pur. Wer sich nicht im See oder Pool abkühlen kann, wer nachts kein kühles Zimmer hat, der leidet sehr unter diesen Hitzeperioden.

Überflutungen nach starkem Regen, wie vor wenigen Jahren im Ahrtal, haben viele Menschen traumatisiert. Sie brauchen professionelle Hilfe, nicht nur um ihre Häuser und ihr Leben wieder aufzubauen, sondern auch ihre Psyche. Nach solchen Naturkatastrophen treten häufig Depressionen, Angststörungen oder posttraumatische Belastungsstörungen auf.

Tornados an der Nordseeküste, Schneestürme in München, Wüsten in Brandenburg oder überlange Hitzephasen in Köln: All diese Szenarien sind denkbar und zum Teil sogar schon eingetreten. Was macht das mit uns? Was macht die Aussage über die bald unbewohnbaren Gebiete der Erde mit uns? Die wenigsten lässt der Gedanke kalt.

- Das Thema macht häufig Angst. Oftmals so sehr, dass es sogar lähmt – und die meisten gar nichts gegen die Klimakrise tun.
- Es macht manche wütend – und sie gehen zu Demonstrationen oder schließen sich Klimaverbänden an.
- Es laugt viele aus. Die Bedrohung hängt Tag für Tag über uns. Es kostet genauso viel Kraft, sie nicht zu beachten, wie sich mit ihr zu beschäftigen.
- Auch, wer sich schon im Klimaschutz engagiert, erlebt manchmal Frust und Resignation. Oft hinkt die Regierung den Forderungen von Klimaverbänden hinterher.
- Auch in der Familie kann es Spannungen geben. Vielleicht sind die eigenen Eltern aus eurer Sichtweise Klimasünder – und sie verändern ihr Verhalten in euren Augen zu wenig. Auch das kostet Energie.

Fakt ist: Die Klimakrise ist real und sie braucht unsere Aufmerksamkeit, unser Handeln. Fakt ist auch: Sie macht uns allen große Sorgen. Da tut es gut, wenn man nicht resigniert und sich im Bett verkriecht, bis alles wieder gut ist.

Werde aktiv. Jeder kann seinen Beitrag zum Klima- und Umweltschutz leisten. Etwas zu tun, ist besser, als gar nichts zu tun. Auch für die mentale Gesundheit. Denn zu handeln, gibt einem in Situationen, die man scheinbar nicht in der Hand hat, wieder etwas Kontrolle zurück. Überleg dir, wo du anfangen möchtest. Vielleicht ist es dir wichtig, Müll zu trennen oder weniger Plastik zu verbrauchen? Eventuell findest du es wichtig, auf Demos zu gehen? Oder du möchtest weniger Fleisch essen? Dann mach das!

Vielleicht findest du ja auch Mitstreiter, mit denen du gemeinsam ein Projekt angehen kannst. Vielleicht senken deine Eltern mit dir einen Monat lang radikal den Plastikverbrauch, du gründest eine Klimaschutzgruppe in der Schule oder sammelst einmal im Monat mit einer Bekannten im Stadtpark Müll. Egal, was dir einfällt: Du kannst etwas beitragen. Und damit auch etwas für dein seelisches Wohl tun.

Suche das Gespräch. Wann immer dich eine Situation zu sehr herausfordert, suche dir jemanden, mit dem du drüber sprechen kannst. Vielleicht kannst du deine Lehrkräfte auch darum bitten, dass ihr das Thema im Unterricht bearbeitet.

10) Mehr als ein Virus: Die Corona-Pandemie

Es ist jetzt schon mehr als vier Jahre her, dass ein Virus die Welt lahmlegte. Keine Schule: Das klang am Anfang großartig. Aber nach ein paar Wochen war es ätzend. Die Freunde konntest du nur auf dem Bildschirm sehen, ständig hat die Technik versagt, und wenn du etwas nicht gleich verstanden hast, konntest du nicht so einfach die Lehrerin oder den Lehrer um Hilfe bitten.

Es war schwer, sich dazu zu motivieren, jeden Morgen vor dem PC oder Tablet zu sitzen. Keine Hofpausen mit frischer Luft und Freundinnen, keine Zeit, mal zu quatschen oder herumzublödeln.

Und die Freizeitaktivitäten am Nachmittag fielen auch flach oder waren nur am Bildschirm möglich. Manchen war das zu viel und sie haben gar nicht eingeschaltet. Obwohl das sonst die liebste Zeit am Tag war: im Fußballverein, beim Chor, in der Roboter-AG. Aber online ist es einfach nicht das Gleiche.

Die Pandemie hat jungen Menschen echt zugesetzt, und viele Erwachsene haben das nicht gesehen. Dabei haben Jugendliche ein megaschweres Paket gebuckelt während dieser Zeit! Wie schwer, das zeigen mittlerweile ein paar Untersuchungen. Viele hat diese Zeit sehr belastet. Studien aus Deutschland zeigen:

- Nicht wenige Jugendliche fühlen sich noch immer von den Krisenjahren der Pandemie erschöpft.
- Wer schon vor der Corona-Pandemie mentale Probleme hatte, dem ging es während der Lockdowns oder danach oft noch schlechter.
- Jugendliche erlebten oft starke Angst oder waren depressiv.

- Essstörungen sind seit der Pandemie häufiger. Viel mehr Jugendliche als noch vor 2020 haben begonnen, extrem Diät zu halten. Andere haben wortwörtlich die Kontrolle über ihr Essverhalten verloren und sind übergewichtig geworden.
- Auch Jugendliche können von Long-Covid betroffen sein, wenn auch deutlich seltener. Sie haben heute noch Probleme, obwohl der Infekt schon Monate oder Jahre her ist. Sie leiden unter Konzentrationsproblemen, sind sehr schnell erschöpft oder haben Schwierigkeiten, normal zu atmen. Manche haben durch die Folgen der Covid-Erkrankung Ängste oder Depressionen entwickelt.

Immerhin: Die Erwachsenen sehen und verstehen endlich, wie heftig die Pandemie für Jugendliche war.

Deshalb sind mittlerweile auch ein paar Internetseiten entstanden, die über psychische Gesundheit aufklären oder Jugendlichen gezielt helfen können, zum Beispiel bei Depressionen.

Ich bin alles
ich-bin-alles.de

Hilfe suchen. Wenn du auch heute noch an Folgen dieser Zeit knabberst, dann sprich mit jemandem darüber. Egal, ob du Angst vor einem neuen Lockdown hast, die Furcht vor Keimen und Viren sehr stark geworden ist oder du dich niedergeschlagen fühlst: Bleib damit nicht allein, such dir Halt bei jemandem. Das können deine Eltern sein, jemand aus der Schule, Freund*innen oder auch Psychotherapeut*innen.

Upsides erkunden. Die meisten von euch haben sich durch die laaangen Lockdowns gekämpft und sind gesund, wenn auch frustriert oder genervt daraus hervorgegangen. Manche sind an den Hürden sogar gewachsen, können ihren Tag heute viel besser allein organisieren, haben kochen gelernt oder neue Hobbys ausprobiert. Nicht wenige haben viel Sport draußen gemacht – und es lieben gelernt. Einige sind noch mehr Profi in Technikfragen geworden, als sie vorher schon waren. Manche haben entdeckt, wie wertvoll die echte Schule ist, und gehen nun ganz gerne hin. Notier dir deine Upsides! Was hast du für dich aus der Pandemie an Skills und neuen, guten Angewohnheiten mitgenommen?

Was du unbedingt noch wissen solltest

Die Wahrheit ist: Es gibt ziemlich viele Lebensereignisse, die belasten und in Summe oder auf Dauer eine psychische Erkrankung auslösen können.

Aber es gibt auch gute Nachrichten:

- Wenn du ein paar der erwähnten Problemlagen aus deinem Leben wiedererkennst, heißt das nicht, dass du automatisch mentale Probleme hast oder in Zukunft bekommen wirst.
- Dafür müssen immer mehrere Sachen zusammenkommen – und es gibt immer viele Möglichkeiten, die Last abzufedern.
- Die meisten Menschen sind von Natur aus widerstandsfähig, manche Krise lässt sie sogar stärker werden.
- Viele der erwähnten Probleme kannst du nicht beeinflussen. Trotzdem hast du in der Hand, wie du mit ihnen umgehst. Du kannst beeinflussen, wie du deine Gefühle händelst, ob du dir Hilfe suchst oder mit wem du nachmittags herumhängst.

Genauso wie es negative Dinge gibt, die dich herunterziehen können, gibt es auch richtig viele Sachen, die dir helfen, gesund zu bleiben. Sie bringen dich ins Gleichgewicht und können für deine mentale Gesundheit ein Booster sein. Darum geht es in Kapitel 5.

KAPITEL 4
SEELE AUS DEM GLEICHGEWICHT

Die häufigsten psychischen Erkrankungen erklärt

Wenn du stolperst, mach es zum Teil deines Tanzes
(unbekannt)

Wo fängt es an? Wo hört es auf?

Als du abends ins Bett gegangen bist, hast du dich noch gut gefühlt. Am Morgen aufgewacht, dröhnt der Kopf, die Nase ist zu und du hustest. Du bist erkältet, richtig krank. Der Unterschied ist ganz klar: abends gesund, morgens krank.

Doch nicht immer sind Gesundheit und Krankheit so klar getrennt. Es gibt also nicht nur *Licht an* und *Licht aus*, sondern eine Art Dimmer mit ganz vielen Abstufungen.

Ein Beispiel dafür, wie viele Schweregrade Krankheit haben kann: Verletzungen beim Radfahren.

- Stufe 1: Du fährst Rad, alles ist gut.
- Stufe 2: Du steigst tollpatschig vom Rad und stößt dich dabei. Das gibt einen blauen Fleck. Der schmerzt ein bisschen, sonst geht es dir gut.
- Stufe 3: Du fällst vom Rad. Das Knie bremst für dich,

es blutet und tut höllisch weh. Ab zum Arzt. Du humpelst ein, zwei Tage. Der Schorf ist nach einer Woche weg. Das Leben geht wie immer weiter.

- Stufe 4: Du fällst vom Rad, und zwar so ungünstig, dass du dir den Arm brichst. Ab zur Notaufnahme, du bekommst einen Gips. So ein kaputter Arm tut nicht nur weh, sondern braucht auch Wochen, um zu verheilen. Der Alltag ist etwas schwerer, sogar kleine Dinge wie Anziehen. Radfahren fällt erst mal aus. Zur Schule gehen und Freunde treffen geht aber wie gewohnt.
- Stufe 5: Ein Auto rammt dich. Blut, Knochenbrüche, Prellungen. Der Notarztwagen muss kommen. Du liegst ein paar Tage im Krankenhaus, eventuell musst du sogar operiert werden. Schule und Nachmittage mit Freundinnen sind nicht möglich und auch erst mal unwichtig. Du bekommst vielleicht Besuche am Krankenbett. Eventuell musst du zur Physiotherapie, um das Gehen wieder richtig zu lernen. Wochen vergehen, bis du wieder fit bist. Vielleicht behältst du eine Narbe zurück. Möglicherweise hast du nun sogar etwas Angst vorm Radfahren. Oder vor großen Straßen.

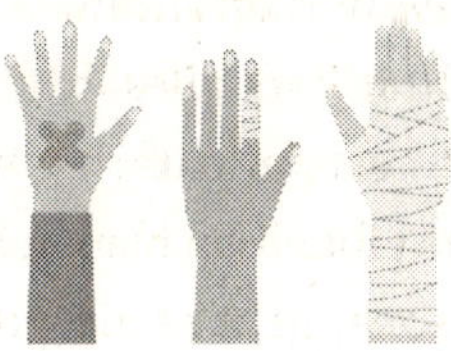

Zwischen den beiden Polen Gesundheit und Krankheit befindet sich ein breites Spektrum an Zuständen. Es gibt leichte Wehwehchen und richtig schlimme Erkrankungen – und dazwischen viele, viele Stufen. Und: Jeder empfindet zum Beispiel einen gebrochenen Arm anders. Wer in seiner Freizeit Basketball spielt, dem wird die Verletzung mehr zu schaffen machen, weil das Hobby über Wochen wegbricht. Eine Person, die nach der Schule gern Podcasts hört, stört das Handicap wahrscheinlich weniger.

Genauso verhält es sich auch mit unserer mentalen Gesundheit. Sie kann intakt sein, kleine Blessuren bekommen oder einen richtigen Knacks erleiden. Dazwischen gibt es viele feine Nuancen.

Das bedeutet auch: Nicht jede Traurigkeit ist eine Depression, nicht jede Furcht eine Angststörung.

Woran erkennt man mentale Leiden?

Anders als bei den meisten körperlichen Erkrankungen sieht man psychische Leiden nicht mit bloßem Auge. Sie äußern sich vor allem über das, was ein Mensch tut, wie er oder sie denkt und fühlt.

Es kann also sein, dass deine Banknachbarin topfit ist, gut in der Schule und beliebt – und trotzdem nicht gesund. Was du nicht siehst: Wenn sie allein ist, kämpft sie vielleicht mit großen Selbstzweifeln, hat massive Ängste – und fühlt sich oft leer.

Good 2 know

Noch gesund? Manchmal ist es schwierig zu unterscheiden: Hat jemand Liebeskummer oder ist das schon eine Depression? Hier muss man genauer hinsehen: Speist sich die Traurigkeit einzig aus einer unglücklichen Liebe, dann ist das eine normale und auch gesunde Reaktion, keine Krankheit. Hält die Traurigkeit allerdings viele Wochen an, gesellen sich Selbstzweifel und andere negative Gedanken dazu, bahnt sich eventuell eine Depression an.

Obwohl die Grenzen zwischen gesund und krank oft nicht so glasklar zu ziehen sind: Für psychische Erkrankungen gibt es festgeschriebene Kriterien. Anhand dieser Kriterien wird eine Diagnose gestellt.

Auch bei körperlichen Erkrankungen halten sich Medizinerinnen und Mediziner an solche Kriterien, also Listen mit Symptomen. Eure Hausärztin geht sie im Kopf durch, wenn du hustend oder verschnupft zu ihr in die Praxis kommst. In ihrem Kopf öffnet sich dann ein Katalog: Farbe des Schleims, Geräusch der Lunge beim Atmen? Wie sieht die Zunge aus, ist der Rachen rot? Fieber? Trockener oder produktiver Husten? Schnupfen?

Je nachdem, was davon zutrifft oder wie der Schleim aussieht, kann sie eine Diagnose stellen und verschreibt Hustenpastillen, Bettruhe, viel Tee oder auch ein Antibiotikum.

Bei psychischen Erkrankungen ist es ähnlich, aber deutlich komplexer als beispielsweise bei einem grippalen Infekt. Man kann die Symptome nicht durchs Stethoskop hören oder bei einem Blick ins Ohr erkennen. Weder an Blutwerten noch an einer Röntgenaufnahme kann man seelische Erkrankungen erkennen.

Woher kommen Diagnosen? Wissenschaftlerinnen und Wissenschaftler haben umfangreiche Diagnosehandbücher erstellt, die auf jahrelanger Forschung und Erfahrungen mit Erkrankten basieren. Gebündelt wird dieses Wissen in Dutzenden Checklisten mit Beschwerden, die jeweils auf eine bestimmte Erkrankung hinweisen.

In Deutschland nutzen Medizinerinnen und Psychotherapeuten die ICD-11, das ist das Diagnosemanual der Weltgesundheitsorganisation. Bis ein solches Manual fertig ist, vergehen Jahre. Hunderte Forschende aus aller Welt haben daran mitgearbeitet. Für ein Diagnosehandbuch müssen Tausende Seiten Studienberichte gelesen und Hunderte Expertenmeinungen eingeholt werden.

Daraus werden dann die Kriterien zusammengetragen und formuliert, an denen man ableiten kann, ob jemand eine bestimmte psychische Erkrankung hat. Treffen von der Liste ausreichend Punkte auf jemanden zu, dann kann eine Diagnose vergeben werden.

Es gibt weit mehr als 100 psychische Erkrankungen, die international anerkannt sind. Alle haben drei grundlegende Merkmale:

- **Leid.** Die Betroffenen leiden stark unter den Anzeichen und Auswirkungen der Erkrankung.
- **Eingeschränkter Alltag.** Die Betroffenen können durch die Symptome nicht mehr oder nur eingeschränkt ihren Alltag bewältigen.
- **Kontaktverluste.** Die Betroffenen verlieren durch die Beschwerden den Kontakt zu Familie und Freunden, stehen mit ihnen im heftigen Streit oder ziehen sich massiv zurück.

Nur wenn die Betroffenen durch die Beschwerden im normalen Leben eingeschränkt sind und sehr darunter leiden, handelt es sich um eine Erkrankung und nur dann besteht Behandlungsbedarf.

Good 2 know

Du bist mehr. »Psychische Probleme definieren nicht, wer du bist. Sie sind etwas, das du erlebst. Du gehst im Regen spazieren und du fühlst den Regen, aber, was wichtig ist, du bist nicht der Regen.« *(Matt Haig, Schriftsteller)*

Psychisch zu erkranken bedeutet nicht automatisch, dass man ein Leben lang von Depressionen, einer Angststörung oder Psychosen geplagt ist. Die meisten Störungen treten in Phasen auf, also für ein paar Wochen oder Monate. Manche haben auch nur einmal im Leben solch eine Phase. Für den Rest der Zeit sind die Menschen gesund, können und wollen arbeiten beziehungsweise zur Schule gehen, studieren, haben Hobbys, pflegen ihre Freundeskreise, besuchen Familienfeiern, lieben, genießen – leben ein ganz normales Leben.

Menschen mit seelischen Beschwerden sind manchmal von außen überhaupt nicht als solche zu erkennen – manchmal verhalten sie sich aber auch ganz anders als die meisten anderen. Sie scheinen nicht in die Gesellschaft zu passen, halten sich nicht mehr an ihre ungeschriebenen Regeln. Das ist oft Ausdruck der Erkrankung und hat nichts mit ihrer Persönlichkeit zu tun. Menschen *haben* eine Erkrankung, sie *sind* nicht ihre Erkrankung.

Und: Nicht jede Andersartigkeit heißt, dass man mentale Probleme hat. Es handelt sich *nicht* um eine psychische Erkrankung,

- wenn jemand eine politische Meinung hat, die nur sehr wenige vertreten
- wenn jemand religiös ist und sich deshalb manchmal für dich ungewöhnlich verhält, zum Beispiel viel meditiert, fastet oder bestimmte Fleischsorten nicht isst
- wenn jemand homosexuell ist
- wenn jemand aus Überzeugung nur bestimmte Lebensmittel isst
- wenn jemand sich übermäßig schminkt, sehr viele Tattoos hat oder sich flippig anzieht

What the Fakt!? Was du über psychische Erkrankungen wissen solltest

Warum sollte man sich überhaupt mit psychischen Erkrankungen beschäftigen? Dafür gibt es mehrere gute Gründe:

- Es ist hilfreich, seelische Nöte überhaupt erkennen zu können. Dafür muss man aber wissen, welche Beschwerden es geben kann und wie diese sich äußern.
- Wir wissen recht viel über körperliche Erkrankungen wie Bronchitis oder einen Bandscheibenvorfall: wie sie heißen, was sie ausmacht und oft auch, was man tun kann, um sie nicht zu bekommen, oder was hilft, wenn es einen erwischt hat. Warum sollte das bei den häufigsten psychischen Erkrankungen anders sein?
- Wer mentale Beschwerden als solche erkennt, kann besser auf sich und andere achten – und eher reagieren, wenn er oder sie Anzeichen für seelisches Leid wahrnimmt.
- Werden psychische Erkrankungen frühzeitig erkannt, können sie besser und meist erfolgreicher behandelt werden.
- Wenn wir wissen, was beispielsweise jemand mit einer Depression durchmacht, dann fällt es uns auch leichter, damit umzugehen, wie die Person sich verhält. Wir können besser auf sie eingehen und Rücksicht nehmen.
- Wenn alle die wichtigsten psychischen Erkrankungen kennen und keiner mehr mit Fragezeichen überm Kopf dasteht, wenn jemand *Psychose* sagt, dann fällt es auch leichter, über sie zu reden. Sie verlieren das

Unheimliche und Unbekannte und sind kein Tabu mehr.

Good 2 know

Ich glaube, es geht ihr nicht gut ... Es gibt ein paar Hinweise, die dir anzeigen können, dass es jemandem in deinem Umfeld psychisch nicht gut geht und dass er oder sie vielleicht Hilfe braucht. Ob dahinter eine handfeste Erkrankung steckt, ist dabei erst mal nicht so wichtig. Typische Signale sind zum Beispiel:

- Jemand verhält sich ohne erkennbaren Grund seit Kurzem anders als sonst. Ist ruhiger, langsamer und zurückgezogener. Oder im Gegenteil unruhiger, hektischer und schnell aufbrausend.
- Jemand spricht anders, in anderem Tonfall, nutzt andere Wörter, redet sehr viel mehr oder sehr viel weniger als bisher.
- Jemand sieht im Gesicht anders aus, der Ausdruck hat sich verändert.
- Jemand zieht sich aus seinem Freundeskreis zurück, trifft kaum noch Freundinnen oder Freunde.
- Jemand fehlt deutlich häufiger in der Schule, scheinbar ohne Ursache.
- Jemand vernachlässigt seine Hobbys, die ihr oder ihm sonst Freude bereitet haben, wie Sport, Musik oder Arbeitsgemeinschaften.
- Jemand sagt plötzlich wirre Dinge, scheint schwer ansprechbar und irgendwie entrückt.

Wenn dir mehrere dieser Punkte auffallen, geht es der anderen Person vermutlich wirklich nicht gut, oder etwas ist bei ihr im Leben los, das sie aus der Bahn wirft. Wenn du helfen möchtest, kannst du versuchen, ein Gespräch zu beginnen. Du kannst dich aber auch an jemanden wenden, der helfen kann, und dort von deinen Beobachtungen erzählen. Das können deine Eltern, eine Vertrauenslehrerin oder eine Beratungsstelle sein. Mehr darüber, wie du helfen kannst, in Kapitel 7.

Ein kurzer Reminder: Im Laufe eines Lebens erkrankt jede dritte Person mindestens einmal psychisch. Viele psychische Leiden beginnen vor dem 25. Lebensjahr.

Folgende Erkrankungen kommen sowohl in der Jugend als auch (zum Teil) im Erwachsenenalter häufig vor:

- ADHS
- Angststörungen
- Depressionen
- Essstörungen
- Psychose
- Selbstverletzendes Verhalten
- Sucht und Substanzmissbrauch
- Suizidalität

Zu allen findest du auf den nächsten Seiten einen *Steckbrief* mit wichtigten Fakten und typischen Anzeichen.

Bei allen Erkrankungen und psychischen Problemen findest du einen Abschnitt namens *Das kennst du vielleicht*. Darin sind Gefühle und Gedanken beschrieben, die du vielleicht auch schon mal erlebt hast und die auch psychisch Erkrankte erleben – nur eben in viel stärkerem Ausmaß. Wenn du dich in den Beschreibungen wiedererkennst, heißt das nicht, dass du auch schon mal krank warst oder es bist. Vielleicht fällt es dir aber durch die Beschreibung leichter, nachzuempfinden, wie es Menschen geht, die psychisch erkrankt sind.

Im Abschnitt *Wie fühlt sich das an?* erfährst du, was Prominente über ihre eigene psychische Gesundheit berichten.

Die Erkrankungen sind alphabetisch geordnet.

1. ADHS

Manche meinen, ADHS sei eine Modediagnose, also etwas, das einfach trendy ist und deshalb oft von Fachleuten diagnostiziert wird. Tatsächlich ist ADHS eine Erkrankung, die noch nicht so lange bekannt ist. Sie ist aber nicht trendy, sondern für die Betroffenen eine echte Hürde im Leben.

Steckbrief

Was heißt ADHS? Aufmerksamkeitsdefizit-/Hyperaktivitätsstörung

Wie häufig ist ADHS? Etwa fünf Prozent aller Kinder und Jugendlichen haben ADHS.

Wie äußert sich ADHS bei Jugendlichen? Ruhig dasitzen oder länger jemandem zuhören fällt schwer. Die Be-

troffenen verspüren eine große innere Unruhe; die Aufmerksamkeitsspanne ist deutlich kürzer. Das ist eine große Hürde, wenn es darum geht, sich längere Zeit auf etwas zu konzentrieren oder im Unterricht mitzuarbeiten.
Manchmal kommt es auch zu impulsiven Handlungen, ohne dass vorher die Folgen durchdacht wurden. Eine Aktivität zu planen fällt schwer, manche fangen alles gleichzeitig an und dann wird nichts fertig.

Was sind die Folgen? Vor allem ohne Behandlung haben die Betroffenen große Probleme in der Schule und schließen diese oft schlechter ab, obwohl sie schlau sind. Die unruhige Art von Menschen mit ADHS eckt oft an, manche haben nur wenige Freundinnen oder Freunde. Einige versuchen, die Hibbeligkeit mit Drogen zu dämpfen, und rutschen in eine Sucht. Weil es ihnen schwerfällt, Impulse zu kontrollieren, gleiten Einzelne auch in die Kriminalität ab.

Noch was? ADHS beginnt meist oft im Vorschul- oder Grundschulalter. Die Verhaltensprobleme bleiben bei manchen bis ins Erwachsenenleben bestehen. Bei Mädchen sind die Anzeichen von ADHS oftmals weniger gut zu erkennen. Sie sind eher verträumt und schusselig, seltener lautstark. Dennoch haben sie die gleichen Probleme, sich zu konzentrieren, und verspüren eine große innere Unruhe.

Das kennst du vielleicht: Du hast den Hausschlüssel vergessen. Am nächsten Tag verlierst du dein Handy. Oder: Vor allem Freitagnachmittag hast du Probleme, im Unterricht noch zuzuhören. Oder: Du siehst einen hohen Mauervorsprung und hast die Idee, da mal herunterzuhüpfen, einfach weil es Spaß machen könnte. Es ist ziemlich hoch, trotzdem kannst du dem Impuls nicht widerstehen und springst. Zum Glück verletzt du dich nicht.

Menschen mit ADHS erleben all das ebenfalls, das Schusselige, den mühsamen Kampf, zuzuhören, sowie waghalsige Gedanken, die sie umsetzen, ohne lange drüber nachzudenken. Allerdings begleitet es sie tagtäglich. All die Dinge, die vielen ab und zu mal geschehen, häufen sich bei ihnen an einem einzigen Tag. Und das kann auf Dauer natürlich zu großen Problemen im Alltag führen, vor allem in der Schule. Und impulsive Handlungen können auch mal schiefgehen.

WIE FÜHLT SICH DAS AN, ECKART VON HIRSCHHAUSEN?

Der Mediziner, Klimaaktivist und Kabarettist Eckart von Hirschhausen hat 2023 offenbart, dass er ADHS hat, schon seit Jahrzehnten. In einem Gespräch mit *ZEIT Online* berichtet er davon. In seinem Zeugnis stand: »Eckart ist ein ständiger Unruheherd«. Im Unterricht hat er sich schnell gelangweilt und dann Unsinn gemacht. Er verliert unterwegs ständig Dinge, die wichtig sind, und hüpft von einem Projekt zum nächsten. Oft hört er nicht richtig zu, wenn jemand mit ihm spricht.

Aber wenn er sich konzentriert, dann vergisst er alles um sich herum. Er sagt: »Dann blende ich den nächsten Termin oder Abgabezeitpunkt aus oder die Tatsache, dass die nächste Verpflichtung nicht dort stattfindet, wo ich gerade bin, sondern mehrere Kilometer entfernt.«

Eckart von Hirschhausen nimmt heute Medikamente, um sich besser konzentrieren zu können.

Weitere Promis, die ADHS haben

- Der Rapper Capital Bra
- Die Schauspielerin Margot Robbie
- Die Turnerin und Olympionikin Simone Biles

2. Angsterkrankungen

Angst kennt jeder, es ist ein lebenswichtiges Gefühl, weil es uns vor Gefahren schützt. Bei Angststörungen übertreibt es unser Gehirn allerdings. Angsterkrankungen sind sehr häufig, egal ob bei Kindern, Jugendlichen oder Erwachsenen. Gleichzeitig sind sie aber sehr gut zu behandeln.

Steckbrief

Was für Angsterkrankungen gibt es? Zu den Angststörungen gehören viele Phänomene, zum Beispiel:

- Phobien vor Tieren (Angst vor Spinnen, Schlangen, Vögeln)
- Phobie vor Höhen (Angst vor Brücken, Leitern, Türmen)
- Phobie vor Enge (Angst vor Fahrten mit Fahrstuhl, U-Bahn, Auto)
- Soziale Phobie (Angst davor, Vorträge zu halten, sich in der Schule zu melden, jemanden anzurufen, sich zu blamieren)
- Panikattacken (massive Angstgefühle, die plötzlich auftreten, mit extremer Angst, durchzudrehen oder zu sterben)
- Generalisierte Angststörung (ohne Grund stark besorgt sein, ständige und starke Sorge um Gesundheit von Familie und Freunden oder Ähnliches)

Wie häufig sind Angststörungen? Innerhalb eines Jahres leiden etwa 25 Prozent aller Jugendlichen zwischen 13 und 17 Jahren an einer Angststörung.

Wie äußern sich Angststörungen? Alle Angsterkrankungen haben gemeinsam, dass sie in den Angst machenden Momenten krasse körperliche Symptome auslösen: Herzrasen, Schwitzen, Muskelverspannungen, Zittern, Schwindel, also echte Panik. Nicht selten erkennen Betroffene die Anzeichen aber gar nicht als Angst, sondern denken an eine körperliche Erkrankung. Manche befürchten, einen Herzinfarkt zu erleiden. Die Betroffenen versuchen, Situationen zu meiden, die die Panik auslösen können. Sie gehen nie in den Keller oder in Wohnungen von anderen (Spinnen), nehmen nur Wege ohne Brücken oder möglichst keine öffentlichen Verkehrsmittel. Kritische Momente, die sie nicht vermeiden können, durchstehen sie nur unter sehr starken Ängsten.

Was sind die Folgen? Krankhafte Ängste können das Leben enorm einschränken. Manche Betroffene gehen nicht mehr aus dem Haus, nehmen an wichtigen Feiern nicht teil oder entwickeln eine große Hemmung, in die Schule zu gehen. Die Panikgefühle lösen zudem die Sorge aus, körperlich schwer krank zu sein. Angsterkrankungen können zu Schlafproblemen führen. Manche versuchen, die Angst mit Alkohol oder Drogen zu betäuben, und rutschen in eine Sucht.

Noch was? Zu den Angsterkrankungen zählt auch die PTBS, die posttraumatische Belastungsstörung. Diese Erkrankung kann auftreten, nachdem jemand eine traumatische Situation erlebt hat, etwa einen schweren Unfall, einen Raubüberfall, eine Naturkatastrophe oder Krieg. Besonders unter Soldat*innen und Geflüchteten ist die Störung daher häufig. Betroffene erleben den Trauma-Moment immer wieder, sogar in sicherer Umgebung, etwa in Träumen. Manche haben auch am Tag Flashbacks, also sehr real wirkende Erinnerungen. Sie sind zudem die meiste Zeit massiv angespannt und reizbar, schlafen schlecht und meiden Orte oder Menschen, die sie an das traumatische Ereignis erinnern könnten.

Das kennst du vielleicht: Du gehst auf den Rummel und fährst Geisterbahn. Gleich zu Beginn erschreckst du dich so sehr, dass dir flau im Magen wird, dein Herz schlägt bis zum Hals. Du fürchtest jede weitere Sekunde in dem Gefährt und willst nur raus.
Oder: Du musst einen Vortrag zu einem echt schweren Thema halten. Du kannst morgens nichts essen, weil dir der Appetit vergangen ist und du einen Kloß im Hals hast. Vor Aufregung ist dir zu Beginn der Schulstunde leicht übel. Du fängst an zu schwitzen, als die Lehrerin dich aufruft.
Oder: Du hast im Kino einen Horrorfilm geguckt. Nach dem Film ist es schon dunkel und du gehst zu Fuß nach Hause, allein. Im Busch hinter dir knackt es. Jeder deiner Muskeln ist angespannt, dein Herz klopft schnell. Du beschleunigst deine Schritte.

Diese Beispiele sind keine Angststörung, sondern normal. Aber: Alles, was du in solchen Momenten empfindest, erleben auch Menschen mit einer Angststörung. Ihre Ängste sind nur sehr, sehr viel intensiver, die Angst kehrt immer wieder und ist mächtiger, nahezu lähmend.

Good 2 know

Hab ich das Fenster wirklich zugemacht? Eine Erkrankung, die quasi eine Halbschwester von Angststörungen ist, ist die Zwangserkrankung. Ein klassischer Fall: Jemand möchte zur Schule fahren. Eben aus der Tür raus, kommen diese nagenden Zweifel auf: Hab ich abgeschlossen? Sind die Fenster alle zu? Ist der Herd ausgeschaltet? Eigentlich weiß die Person, dass alles in Ordnung ist. Aber diese kleine Unsicherheit, dass es doch anders sein könnte, lässt sie nicht los. Sie geht wieder hoch, prüft Türen, Herd und Fenster. Alles sicher. Die Person geht wieder los. Und das Ganze beginnt von vorne. Hab ich das Fenster wirklich zugemacht?
Eine andere Form ist der Waschzwang, also das krasse Bedürfnis, sich ständig zu waschen, aus Angst vor Keimen. Bei manchen geht das so weit, dass sie nicht mehr rausgehen, aus Angst vor Bakterien, oder dass sie sich zu Hause im Flur komplett entkleiden, alle Sachen in die Wäsche tun und lange duschen, bevor sie die Wohnung wirklich betreten.
Andere haben immer wiederkehrende Gedanken, die sich ihnen aufdrängen und massiv verunsichern. Das ist ein bisschen wie beim Verliebtsein, haben

Forschende kürzlich festgestellt: Dabei bekommt man jemanden ja auch nicht aus dem Kopf, egal, wo man ist und was man macht. Nur ist der Zwang sehr viel belastender.

WIE FÜHLT SICH DAS AN, NICO SANTOS?

Drei Stunden lang dachte Nico Santos an diesem einen Tag im Jahr 2021, dass er stirbt. Es war die Zeit der Corona-Pandemie, der zweite Lockdown. Die Familie des Sängers und Songwriters lebt in Spanien, er kann sie wegen der Pandemie schon lange Zeit nicht sehen. Gleichzeitig ist gerade seine Karriere durchgestartet und er will unbedingt das weitermachen, was seine Passion ist: Singen und Musizieren. Er setzt sich selbst unter Druck. Dann hat er eine Panikattacke. »Ich dachte die ganze Zeit, das ist mein letzter Moment«, sagt er in einem Gespräch bei der NDR-Sendung *deep und deutlich*. Er ruft den Notarzt. »Ich dachte, dass mir so eine Dunkelphase im Kopf nie passieren würde«, erzählt er. Nico Santos beschreibt sich als psychisch stark und gefestigt, als jemanden mit schöner Kindheit. Und doch: Die Angst hat ihn im Griff. Gleich am nächsten Tag hat er wieder eine Panikattacke.

Er beschließt, eine Pause einzulegen, deaktiviert alle Social-Media-Kanäle, zieht sich zurück, will »einfach nur leben«. Die Auszeit hat ihm gutgetan, 2023 hat er ein neues Album veröffentlicht – und seine Jugendliebe geheiratet.

Weitere Promis, die eine Angststörung hatten

- Die Schauspielerin Kristen Stewart
- Die Sängerin Ellie Goulding
- Das Model Kendall Jenner
- Prinz Harry

3. Depressionen

»Ich bin total depri«, so beschreiben es viele, wenn sie traurig sind. Doch zwischen »depri« und einer echten Depression liegen Welten. Depressionen sind wohl die bekanntesten psychischen Leiden, gleichzeitig werden sie oft unterschätzt. Mit normaler Traurigkeit hat eine Depression nichts zu tun.

Steckbrief

Was sind Depressionen? Betroffene fühlen sich niedergeschlagen, innerlich leer. Es fällt ihnen sehr schwer, sich zu etwas aufzuraffen, und sei es nur morgens aufzustehen, Zähne zu putzen oder sich anzuziehen. Dazu kommen oft große Probleme, sich zu konzentrieren. Manche schlafen kaum, andere den ganzen Tag; manche verlieren den Appetit, andere essen viel mehr und vor allem Ungesundes. Oft fühlen Betroffene sich schuldig für alles Mögliche, unter anderem auch für die Erkrankung. Sie haben massive Zweifel an sich selbst, glauben, dass sie nichts können, nichts taugen. Das kann bis hin zu Suizidgedanken führen.

Wie häufig sind Depressionen? Rund 8 Prozent aller Jugendlichen erkranken im Laufe eines Jahres an einer Depression.

Was sind die Folgen? Depressionen lähmen. Die Freude am Leben geht verloren. Die Kraft, daran teilzuhaben, auch. Schule, Hobbys, Freundeskreis, Familienleben, Haustiere: Alles ist zu viel. Je länger und schwerer die Beschwerden, desto wahrscheinlicher werden Suizidgedanken. Schwere Depressionen können daher unbehandelt lebensgefährlich sein.

Was ist noch wichtig? Es gibt einen Gegenpol zur Depression, die Manie. Menschen, die daran erkranken, sind extrem überschwänglich. Manche verkaufen ihr gesamtes Hab und Gut, andere geben ein Vermögen für Dinge aus, die sie nicht brauchen, und verschulden sich massiv (manchmal in Millionenhöhe). Sie schlafen kaum noch, überschlagen sich fast beim Sprechen und Denken. Alles an ihnen wirkt hektisch und fahrig oder gar exzessiv. Personen, die im Wechsel an einer Depression und einer Manie erkranken, haben eine Bipolare Störung. Sie wechseln oft zwischen massiver Niedergeschlagenheit, krassem Hochgefühl und gesunden Phasen.

Noch was? Viele maskieren ihre Depression, mitunter sehr erfolgreich. Sie setzen ein Lächeln auf, manche scheinen besonders lustige Menschen zu sein. Es gibt zum Beispiel zahlreiche Comedians, die schon mal unter Depressionen gelitten haben.

»Genie und Wahnsinn« Billie Eilish und Lady Gaga oder auch Whitney Houston und Ludwig van Beethoven: Die Liste der Stars und weltberühmten Künstler*innen mit seelischen Leiden ist sehr lang. Man bekommt das Gefühl, dass Promis besonders oft davon betroffen sind. Stimmt das?

Es gibt tatsächlich die Theorie, dass Genie und Krankheit nah beieinanderliegen. Menschen, die seelisch verletzlich und deshalb eher gefährdet sind, psychisch zu erkranken, sind nicht selten auch sehr kreative Köpfe. Sie sind künstlerisch oder musisch begabt – vielleicht auch durch eine andere Art, die Welt und ihre Menschen zu erleben.

Studien, die das bezeugen, werden allerdings von vielen Forschenden stark angezweifelt, weil die Erhebungen nicht nach ausreichend wissenschaftlichen Standards durchgeführt wurden.

Und selbst, wenn jemand sehr kreativ ist und zu mentalen Problemen neigt: Mitten in einer Krankheitsphase ist man alles andere als schöpferisch.

Die Schaffenskraft ist bei seelischen Leiden ebenso beeinträchtigt wie alle anderen Lebensbereiche.
Wie wäre es also mit dieser Theorie: Auch Promis sind ganz normale Menschen und erkranken genauso häufig an Depressionen, Angststörungen oder Psychosen wie andere Menschen auch. Aber wir erfahren in den Medien sehr viel über ihr Leben, vor allem über ihre Tiefpunkte. Und: Sie öffnen sich heute viel öfter und sprechen über ihre mentalen Probleme. Dadurch kann der Eindruck entstehen, dass Stars besonders häufig betroffen sind.

Das kennst du vielleicht: Es war die wichtigste Prüfung in diesem Schuljahr. Die Note ist entscheidend für dein Zeugnis, du willst dich damit bewerben. Doch als du die Arbeit zurückbekommst, ist die Zensur sehr schlecht. Vielleicht zieht sich dein Magen zusammen, du verlierst den Appetit, obwohl gleich Mensazeit ist. Du hast keinen Hunger, vielleicht sogar Bauchschmerzen.
Oder: Du hast dich sehr heftig mit deiner besten Freundin oder deinem besten Freund gestritten und ihr sprecht gerade nicht miteinander. Du bist traurig, du fühlst dich hilflos. Vielleicht bist du ein paar Tage mies drauf, hast keine Lust auf andere Leute, ziehst dich zurück.
Oder: Der Abiball steht kurz bevor, du freust dich schon riesig drauf. Aber am Tag des Festes wirst du

krank – und kannst nicht hingehen. Vielleicht möchtest du nur noch weinen, vielleicht fühlst du dich aber auch taub und keine Träne kommt heraus.

Keine Sorge. Das alles ist keine Depression, sondern normal. Doch was du in solchen Momenten empfindest, erleben auch Menschen mit einer Depression – nur um ein Vielfaches stärker und über längere Zeit, sodass es sich geradezu erdrückend anfühlt. Ein weiterer Unterschied ist, dass es für diese Gefühle bei Betroffenen oft gar keinen konkreten Anlass gibt.

WIE FÜHLT SICH DAS AN, WINCENT WEISS?

Wo fang ich an? Wo hör ich auf?
Der Tag zu bunt, die Nacht zu laut
Drei Jahre an, drei Jahre Rausch
Jetzt sitz ich da, geh nicht mehr raus

Das singt Wincent Weiss in einem seiner Lieder. Er weiß, wovon er spricht: Im Jahr 2019 ging er »mental den Bach runter«, so sagt der Sänger und Songwriter es heute über sich selbst. In der Sendung *Kölner Treff* auf dem TV-Sender WDR beschreibt er, wie es sich anfühlt, an einer Depression zu erkranken. Er war nicht mehr glücklich, nicht mehr traurig, alle Gefühle auf einer Linie. Gewonnene Preise bedeuteten ihm nichts mehr. Vor der Kamera hat er weiter gelächelt. Backstage fühlte er sich einsam. Als er dann frei-hat, bleibt er drei Tage am Stück im Bett, isst nicht, trinkt nicht – und hat Angst, dass es so bleibt. Er spürt: Etwas läuft ganz doll schief. Also geht er zum Arzt. »Wenn ich was mit dem Bein habe, gehe ich zum Arzt. Wenn ich was mit den Augen habe, gehe ich zum Arzt. Wenn ich was mit dem Kopf habe, also was auf der Seele, dann geh ich halt auch zum Arzt.«

Er beginnt eine Psychotherapie – und empfindet es als große Erleichterung. Mittlerweile ist er wieder auf Tour, macht wieder Musik, aber er nimmt sich mehr Auszeiten, besucht öfter die Familie, pflegt Freundschaften.

Weitere Promis, die eine Depression hatten

- Das Model Cara Delevingne
- Der Schauspieler Dwayne Johnson
- Die Schauspielerin Nora Tschirner
- Der Kabarettist Kurt Krömer

4. Essstörungen

Der Körper verändert sich. Gerade warst du noch ein Kind, jetzt wirst du erwachsen. Viele nehmen dabei an Gewicht zu. Das verunsichert. Das gängige Schönheitsideal ist schlank. Oder bei Männern: viele Muskeln. Und daran messen sich besonders Jugendliche. Viele haben schon mal eine Diät probiert, manche mehrere. Diäten sind oftmals der Einstieg in ein gestörtes Essverhalten, sie ebnen den Weg zu krankhaftem Essen.

Steckbrief

Was sind Essstörungen? Bei den Betroffenen drehen sich die Gedanken fast den ganzen Tag um das Thema Essen, Körpergewicht und Figur. Sie sind oft besonders dünn, können aber auch sehr beleibt sein oder ihr Gewicht schwankt massiv. Manchen sieht man nichts an; aber sie haben strenge Ernährungsregeln oder unkontrollierte Essanfälle.

Welche Essstörungen gibt es?

Magersucht (Anorexia nervosa). Betroffene kontrollieren akribisch, was, wann und wie viel sie essen. Sie verzichten auf immer mehr Lebensmittel, zählen Kalorien, nehmen stetig ab. Selbst mit Untergewicht empfinden sie sich als zu dick, wollen weitere Kilos verlieren, auf keinen Fall zunehmen.

Ess-Brech-Sucht (Bulimia nervosa, Bulimie). Betroffene haben große Angst davor zuzunehmen und erbrechen sich absichtlich nach den Mahlzeiten. Manche haben Essanfälle, bei denen sie in kurzer Zeit Tausende Kalorien zu sich nehmen, zum Beispiel in Form von Süßigkeiten, Gebäck, Pizzen oder Burgern. Sie verlieren die Kontrolle – und übergeben sich danach. Andere nehmen Abführmittel ein, treiben exzessiv Sport und halten strikte Diät, um einen Essanfall auszugleichen.

Essanfälle (Binge-Eating-Störung). Betroffene haben regelmäßig Essanfälle und können nicht kontrollieren, wie viel und was sie essen.
Gegenmaßnahmen ergreifen sie nach dem Anfall meist nicht. Viele sind daher übergewichtig oder sogar fettleibig.

Wie häufig sind Essstörungen? Jede*r fünfte Jugendliche weist ein gestörtes Essverhalten auf. Nicht immer ist das krankhaft, aber meist bedenklich, denn aus einem gestörten Essverhalten kann sich eine Essstörung entwickeln.

Hier die Zahlen dazu:

Magersucht: 0,4 Prozent der jungen Frauen zwischen 15 und 35 Jahren, junge Männer seltener

Bulimie: 1,5 Prozent aller 15- bis 35-Jährigen

Binge-Eating-Störung: 1,6 Prozent der Frauen, 0,8 Prozent der Männer

Generell: Essstörungen gibt es auch bei Jungen. Die Anzeichen ähneln denen bei Mädchen. Oft werden sie aber übersehen, weil Essstörungen als weiblich gelten.

Was sind die Folgen?

Körperlich: Häufiges Erbrechen schädigt Zähne, Speiseröhre und Verdauungstrakt. Haare fallen aus, Fingernägel verformen sich. Übergewicht begünstigt Herz- und Kreislauferkrankungen und Diabetes. Wer zu wenig isst, verliert Haare und neigt zu Kreislaufproblemen. Bei Unterernährung kann das Knochenwachstum bei jungen Menschen gestört sein – mit lebenslangen Schäden. Bei Frauen fällt die Periode aus, sie können später sogar unfruchtbar sein. Untergewicht kann lebensbedrohlich werden: Etwa 10 Prozent der Menschen mit Magersucht sterben an der Erkrankung.

Psychisch: Menschen mit Übergewicht erleben massive Scham und auch Schuldgefühle, die Stimmung ist gedrückt. Mit zu wenig Nahrung fällt es schwer, sich zu konzentrieren. Depressionen sind häufige Begleiterkrankungen bei allen Essstörungen, unter anderem, weil sich Betroffene oftmals zurückziehen, sich isolieren. Bei manchen besteht Suizidgefahr.

Noch was? Unter jungen Männern häufig verbreitet ist die Muskelsucht, also das übermäßige Streben danach, muskulös zu sein. Dafür treiben sie übermäßig Sport und folgen einem strengen Diät-Plan, der einer Magersucht ähneln kann. Eine Essstörung im engeren Sinne ist das nicht. Aber nicht weniger problematisch: Wenn der Alltag nur noch darauf ausgerichtet ist, perfekte Muskeln zu haben, dann ist das ein Warnhinweis und vielleicht professionelle Hilfe nötig.

Eine neue Essstörung? Gesunde Ernährung ist heute das A und O. Aber auch hier kann es gestörtes Essverhalten geben. Fachleute beobachten immer öfter die sogenannte *Orthorexie*, also ein zwanghaftes Gesundessen. Betroffene achten im Übermaß auf die Qualität der Nahrungsmittel und legen sich selbst sehr viele und äußerst strikte Regeln auf, zum Beispiel: Nur rohes Obst und Gemüse essen, nur zu bestimmten Tageszeiten, nur vom eigenen Hochbeet. Wenn sie sich daran halten, erfüllt sie das mit einem guten Gefühl. Weder Genuss noch Geschmack spielen dabei eine Rolle. Die eigene Ernährung gilt als einzig richtige, manche versuchen wie Missionare, andere davon zu überzeugen.

Das kennst du vielleicht: Du warst beim Geburtstagsbrunch deiner Tante. Nach vier Stunden Buffetschlacht fühlst du dich aufgedunsen und pappsatt. Du hast ein richtig schlechtes Gewissen, dass du so viel gegessen hast. Dabei wolltest du nach dem dritten Teller schon nichts mehr, bist aber trotzdem nochmal zu den Torten gegangen. Am nächsten

Tag machst du extra 15 Minuten mehr Sport. Und überlegst, auf das Mittagessen zu verzichten.
Oder: Du hast neulich einen Blog über Ernährung durchgescrollt und willst nun ein paar Regeln für dich in den Alltag übernehmen, zum Beispiel nur noch pflanzliche Öle und Fette zu benutzen. Beim Abendbrot mit der Familie hast du kurz ein schlechtes Gewissen, als du doch das Brot mit Butter bestreichst.

Das sind bei Weitem noch keine Anzeichen für eine Essstörung. Aber das übermäßige Essen und sich nachher Schlechtfühlen, das Aufstellen von Regeln, das Anfangen von Diäten, um dann mit sich zu hadern, wenn man doch davon abweicht, oder das Sporttreiben zum Ausgleich, all das erleben Menschen mit Essstörungen auch. Nur eben noch viel extremer: Manche versuchen schon kleinste Portionen mit sehr viel Aufwand auszugleichen. Die selbst auferlegten Regeln sind sehr strikt und das schlechte Gewissen bei Nichteinhaltung umso massiver.

WIE FÜHLT SICH DAS AN, KIM BUI?

Dutzende Deutsche-Meister-Titel, Bronze bei der Europameisterschaft, mehrfach für Weltmeisterschaften qualifiziert und dreimal bei Olympia: Kim Bui zählt zu den erfolgreichsten Turnerinnen in Deutschland. Doch viele Jahre litt sie an Bulimie. In der ARD-Dokumentation *Hungern für Gold* zu Essstörungen im Leistungssport spricht sie darüber. Mit 15 Jahren hat sie sich das erste Mal nach einer Mahlzeit gewollt erbrochen. Eine Trainerin habe ihr damals geraten, mal 1–2 Kilo abzunehmen, damit ihr ein paar der Turnübungen leichter fielen. Sie beginnt also, aufs Essen zu achten, lässt Kohlenhydrate weg, aber nimmt nicht ab. Sie isst gerne. Aber sie liebt auch ihren Sport. Nach jeder Mahlzeit hat sie ein schlechtes Gewissen, nach einem Mittagessen in der Schulmensa so sehr, dass sie zur Toilette rennt und alles ausspeit. Von da an übergibt sie sich mehrmals täglich.

Erst Jahre später spricht sie eine andere Trainerin auf ihr Essverhalten an – und rät ihr, sich professionelle Hilfe zu suchen. Kim Bui findet eine Kinder- und Jugendlichenpsychotherapeutin und überwindet die Bulimie noch während ihrer Sportkarriere. Heute geht sie in Sportvereine, um über Essstörungen aufzuklären.

Weitere Promis, die eine Essstörung hatten

- Der Sänger Ed Sheeran
- Die Sängerin Lady Gaga
- Die Schauspielerin Camila Mendes
- Die Sängerin Taylor Swift

5. Psychose

Menschen mit Psychose sind vorübergehend der Welt entrückt. Sie nehmen sie anders wahr, als sie ist. Das kann das ganze Leben auf den Kopf stellen. Psychose ist ein Oberbegriff, zu dem verschiedene Formen von psychotischen Störungen zählen, unter anderem die Schizophrenie. Psychosen treten aber auch manchmal bei schweren Depressionen oder Manien auf oder bei älteren Menschen mit Demenz.

Steckbrief

Was ist eine Psychose? Bei einer Psychose geht der Bezug zur Realität verloren. Zu den Symptomen gehört unter anderem: Stimmenhören, obwohl keiner spricht; sich ohne Grund verfolgt oder bedroht fühlen; das Gefühl zu haben, jemand klaue einem die Gedanken oder pflanze einem Gedanken ein; Dinge sehen, die nicht da sind; Unverständliches reden; Antriebslosigkeit und Rückzug.

Betroffene erkennen dabei nicht, dass ihre Wahrnehmung verändert ist, sondern erleben das, was sie sehen und hören, als Realität – und diese macht ihnen meist Angst.

Ein Beispiel: Häufig haben Betroffene das Gefühl, ein Geheimdienst verfolgt sie und will sie kidnappen oder gar vergiften. Manche nehmen sogar an, Eltern, Lehrkräfte und Freunde stecken unter einer Decke mit den Verfolgern.

Wie häufig sind Psychosen? Etwa 1 Prozent aller Menschen erkrankt im Leben an einer Psychose. Die meisten davon bereits zwischen 15 und 25 Jahren.

Was sind die Folgen? Die veränderte Wahrnehmung verhindert einen normalen Alltag. Da die Betroffenen kaum einen klaren Gedanken fassen können und oft das Gefühl haben, andere trachten ihnen nach dem Leben, sind Schulstunden oder Hobbys fast undenkbar. Ohne rechtzeitige Behandlung kann es sein, dass ein Schulabschluss sowie Ausbildung oder Studium erst einmal unmöglich sind. Die Stimmen im Kopf und die Verfolgungsgefühle machen große Angst, Betroffene fühlen sich deshalb oft bedroht – und reagieren dann manchmal aggressiv. Sie sind aber nicht per se gewalttätig.

Es gibt Psychosen, die von allein wieder verschwinden. Doch für die meisten gilt: Unbehandelt können die Symptome anhalten, schlimmstenfalls ein Leben lang.

Noch was? Psychosen können auch durch Drogen ausgelöst werden. Einer der größten Risikofaktoren dafür, an einer Psychose zu erkranken, ist der Konsum von Cannabis vor dem 15. Lebensjahr. Schon wenige Male können eine Psychose anschieben, bei manchen passiert das sogar schon beim ersten Konsum.

Das kennst du vielleicht: Du kommst in der Pause auf den Hof, da stehen zwei Freundinnen von dir schon zusammen und plaudern angeregt. Als du dazukommst, hören sie plötzlich auf zu reden. In deinem Kopf ploppen sofort Fragen auf: »Was haben die beiden geredet? Etwa über mich? Die waren letztens schon so komisch.« Eine Woche später stellt sich heraus: Sie haben dein Geburtstagsgeschenk geplant. Die Überraschung ist ihnen gelungen.
Oder: Du fährst müde und erschöpft von der Schule mit dem Bus nach Hause, darin sitzt ein Mann in Anzug und Koffer. Er steigt ebenfalls an deiner Station aus und geht in die gleiche Richtung wie du. Hinter dir. Du bist aufgeregt und denkst: »Verfolgt der mich? Habe ich den nicht gestern schon gesehen?« Dann biegt der Mann in einen Hauseingang ab und schließt dort die Tür auf. Ein Nachbar, falscher Alarm.
Oder: Du hast dich gerade heftig mit deinen Eltern darüber gestritten, ob du nach der 10. Klasse von der Schule abgehst oder Abi machst. Ihr seid unterschiedlicher Meinung. Abends hörst du dann deinen Lieblingspodcast und es geht genau um dieses Thema: Abi oder nicht? Du denkst für einen kurzen Moment: »Das kann doch kein Zufall sein!«
Oder: Seit einer Stunde hast du diesen Ohrwurm. Als würde Billie Eilish in deinem Kopf sitzen und dort singen. »So, you're a tough guy…«

Das alles ist keine Psychose, sondern normale Momente, in denen du besonders misstrauisch warst oder deine Nerven dir einen Streich gespielt haben. Aber: Genau das widerfährt mitunter auch Menschen in einer Psychose. Nur bleiben sie dauerhaft überzeugt davon, dass die anderen über sie reden, dass jemand sie verfolgt oder dass jemand ihnen in ihrem Kopf etwas zuflüstert. Sie sehen Zeichen und Botschaften für sich, wo keine sind.

Good 2 know

Früh das Risiko erkennen. Oft gehen einer psychotischen Erkrankung, bereits bevor sie richtig ausbricht, diverse Symptome voraus. Man spricht von einer Prodromalphase. Wenn man diese erkennt und frühzeitig eine Behandlung beginnt, kann das verhindern, dass die eigentliche Erkrankung ausbricht, oder sie zumindest abmildern. Solche Anzeichen können sein:

- Skurrile Gedanken, die immer öfter plötzlich hochploppen und irritieren
- Schwierigkeiten, zu unterscheiden zwischen Gedanken, Erinnerungen und tatsächlich Wahrgenommenem
- Komische Dinge hören oder sehen
- Das Gefühl, vieles bezieht sich auf einen selbst (ein Promi-Reel auf Insta richtet sich gefühlt an dich persönlich, die Gespräche der anderen handeln von dir, die Art, wie jemand sein Fahrrad abstellt, sendet dir eine Botschaft)
- Gereizte oder gedrückte Stimmung

- Rückzug von Freunden oder Familie
- Plötzliche Probleme in der Schule

Treten mehrere solcher Anzeichen auf, dann könnte es sich um eine Prodromalphase handeln. Die Wahrscheinlichkeit dafür ist noch größer, wenn ein Elternteil oder Geschwister schon mal an einer Psychose erkrankt waren. In einigen Großstädten gibt es Früherkennungszentren, die sich darauf spezialisiert haben, Vorstufen zu erkennen. Infos, ein Schnellcheck und Kontaktadressen sind online zu finden.

Psychose-Check
psycho-check.com

WIE FÜHLT SICH DAS AN, SELENA GOMEZ?

Selena Gomez ist seit ihrer Kindheit berühmt. Sie wurde durch Sendungen auf dem Disney Channel bekannt, seither singt sie Megahits und arbeitet als Schauspielerin. In der Dokumentation *My Mind and Me* offenbart sie eine ganz andere Seite: ihre seelischen Leiden. Viermal war sie in einer psychiatrischen Klinik, nimmt dauerhaft Medikamente gegen eine Bipolare Störung – und erlebte eine Psychose. Sie kann sich nur an wenig aus dieser Zeit erinnern, außer dass sie begann, Stimmen zu hören, die immer lauter wurden. Die Stimmen verdrängten zunehmend die Realität und Selena Gomez misstraute allen Menschen um sich herum, auch Freundinnen und Freunden. Dachte, alle wollen ihr Böses.

Medikamente und Psychotherapie haben ihr geholfen, wieder zurechtzukommen. Sie empfindet Gespräche mit anderen als heilsam.

Ihre Berühmtheit nutzt sie, um aufzuklären, zum Beispiel mit der genannten Doku. Sie steht mit Forschenden und Fachleuten in Kontakt und spricht mit ihnen über ihre Erfahrungen und darüber, was helfen könnte, Vorurteile gegenüber Menschen mit psychischen Erkrankungen abzubauen.

Sie sieht in ihren Erkrankungen etwas Wertvolles: »Ich wäre nicht da, wo ich heute bin«, sagt sie in einem Gespräch mit dem US-Magazin *The Rolling Stone*. »Ich wäre stattdessen ein weiteres dieser nervigen Wesen, die die ganze Zeit bloß schicke Klamotten tragen möchten.«

Weitere Promis, die schon mal eine Psychose hatten

- Der Schauspieler Eric Stehfest
- Der Rapper Kanye West
- Die Schauspielerin Amanda Bynes
- Die Schauspielerin Ruby Barker

6. Selbstverletzendes Verhalten

Sich selbst wehzutun, bis es blutet: Das ist vor allem in jungen Jahren gar nicht so selten. Die Ursachen sind verschieden. Die Folgen mitunter drastisch.

Selbstverletzungen sind für sich genommen keine psychische Erkrankung, sondern ein auffälliges Verhalten. Sie können ein Anzeichen für psychische Probleme oder aber Symptom einer Erkrankung sein.

Steckbrief

Was ist selbstverletzendes Verhalten? Betroffene ritzen sich in die Haut, schlagen gegen feste Gegenstände oder sich selbst, kratzen sich oder fügen sich Verbrennungen zu. Sie wollen sich dabei aber nicht das Leben nehmen. Selbstverletzung ist vielmehr ihre Reaktion auf massiven Stress und starke Anspannung. Die Wunden sind oft nicht zu sehen, sondern auch an warmen Tagen unter langer Kleidung versteckt.
Auch Drogen zu nehmen oder sich immer wieder in Gefahr zu bringen, etwa durch Mutproben, ist eine Form von Selbstverletzung.

Wie häufig ist selbstverletzendes Verhalten? Nach Umfragen unter Schülerinnen und Schülern haben sich bis zu 35 Prozent mindestens schon einmal selbst verletzt; mit zunehmendem Alter wird Selbstverletzung aber seltener.

Was können Anzeichen sein? Es treten häufig Wunden oder Schnitte auf, können aber nicht plausibel erklärt werden. Oft passt die Kleidung nicht zum Wetter, kaschiert aber Wunden. Vielleicht verbringen Betroffene auch ungewöhnlich viel Zeit auf der Toilette; tragen scharfe Messer oder Rasierklingen bei sich; zeichnen Bilder oder schreiben Texte, die sich um selbstverletzendes Verhalten drehen.

Warum machen die Betroffenen das? Sich selbst Wunden zuzufügen, löst bei ihnen eine innere Anspannung und kann dadurch erleichternd wirken. Einige wollen damit auch einem Gefühl von Taubheit oder Abgestumpftsein entkommen. Sie tun es, um sich selbst zu spüren. Andere wollen sich abreagieren oder ein Gefühl von Kontrolle erleben, sich damit selbst bestrafen oder darauf aufmerksam machen, dass es ihnen nicht gut geht.

Was sind die Folgen? Sich zu verletzen löst nur kurzzeitig die Anspannung, viele schämen sich danach massiv und fühlen sich umso schlechter. Ein Teufelskreis kann entstehen: Anspannung – Schnitt – Scham – Anspannung – Schnitt – ... Noch dazu können die Wunden schwere körperliche Schäden verursachen, sich entzünden oder lebenslange Narben hinterlassen. Sie können also lebensgefährlich sein, auch wenn das gar nicht gewollt ist.

Noch was? Nicht alle Menschen, die sich selbst verletzen, wollen sich das Leben nehmen. Aber das Risiko dafür ist bei ihnen erhöht.
Nicht alle Menschen, die sich selbst verletzen, haben eine psychische Erkrankung. Viele probieren es nur einmal aus, etwa wenn sie große Konflikte oder Probleme haben. Aber wenn sich jemand über längere Zeit regelmäßig Wunden zufügt, könnte sich ein seelisches Leiden dahinter verbergen.
Nicht alle Menschen, die sich selbst verletzen, sind Borderliner, haben also eine Borderline-Persönlichkeitsstörung. Bei dieser Erkrankung schwanken die Gefühle sehr stark und die Betroffenen haben große Probleme, enge Beziehungen zu führen, schwanken zwischen »große Liebe« und Misstrauen. Und: Sie verletzen sich oft selbst.

Was hilft gegen den Drang zur Selbstverletzung?

Notfall-Kit. Pack dir eine Tasche mit positiven Dingen. Ein lieber Brief von deiner Freundin, ein Foto mit deinem Bruder, ein schönes Gedicht, ein Maskottchen oder Kuscheltier, ein Zettel, auf dem steht, welches Lied dich aufheitert. Oder ruf jemanden an und sprich über etwas Schönes, das dich ablenkt.

Erde dich. Wer den Drang hat, sich zu verletzen, gerät oft in einen Zustand, der tranceartig ist, steht also ein bisschen neben sich. Malen, Singen, Musizieren, Tanzen oder Schreiben kann dich erden – und ins volle Bewusstsein zurückholen. Ein Haustier zu streicheln hat auch diese Wirkung.

Bewege dich. Sprinte los, springe Springseil, mach Liegestütze. Bei großer körperlicher Anstrengung werden im Körper die gleichen Botenstoffe ausgeschüttet wie bei einer Selbstverletzung.

Suche dir andere Reize. Beiß in eine Chilischote, halte einen Eiswürfel, zerreiße Papier, lass ein Gummiband gegen deine Haut schnipsen, iss eine Zitrone, rieche an Tigerbalsam oder kaue einen *Center Shock*. Das sind auch heftige Reize, die dir aber nicht schaden.

Finde die Auslöser heraus. Was bringt dich an deine Grenze? In welchen Situationen kommt der Drang zur Selbstverletzung auf? Versuche diese Momente zu meiden oder finde jemanden, der dir hilft, sie durchzustehen.

STOP

Rote Linie Wer sich regelmäßig selbst schwere Verletzungen zufügt, sollte sich professionelle Hilfe suchen. Ganz allein damit aufzuhören, fällt meist sehr schwer, wenn es schon zu einer Art Gewohnheit geworden ist. Mit professioneller Unterstützung ist es allerdings gut behandelbar. Ein weiterer Grund für eine Behandlung: Bei Betroffenen ist das Risiko für einen Suizidversuch erhöht.

Das kennst du vielleicht: Du hast Wut im Bauch und gehst mit diesem Gefühl joggen. Der Frust ist wie ein Motor, du rennst in einem Affenzahn, immer schneller, so lange, wie du kannst. Bis dein Körper schmerzt und du dich keuchend auf den Boden setzt oder ins Gras fällst.
Oder: Jemand hat deinen Fahrradsattel geklaut. Du bist stinkesauer. Der war neu und teuer. Du möchtest am liebsten irgendwo gegentreten.
Oder: Du hast dich mit deinem Freund gestritten, er kommt nicht mit zu der Party am Abend. Du gehst allein mit anderen Leuten aus der Schule hin. Weil du sauer auf deinen Freund bist, trinkst du zu viel und schmeißt dich an irgendeinen anderen Typen heran.

Gewaltvolle Impulse oder Kurzschlusshandlungen, die uns nicht guttun, uns sogar schaden können, erleben wohl alle mal. Sie sind nicht ungewöhnlich. Irgendwo muss die ganze Energie ja hin, die unsere Gefühle freisetzen. Menschen, die sich selbst verletzen, haben diese Impulse meist sehr viel öfter und schon bei kleineren Aufregern. Ein Tritt oder Lauf ist kein ausreichendes Ventil.

WIE FÜHLT SICH DAS AN, DEMI LOVATO?

Dort wo einst nur Narben waren, prangen heute auch zwei große Tattoos. Auf dem linken Unterarm steht *Stay*, auf dem rechten Unterarm *Strong*. Es sind die Arme der Sängerin und Schauspielerin Demi Lovato aus den USA. Sie zeugen von vielen Jahren, in denen sie sich selbst Verletzungen zufügte. Als ihre Karriere durchstartete, zog sie die Handbremse und begab sich in eine psychiatrische Klinik. Dort war sie nicht nur wegen der Selbstverletzung in Behandlung, sondern auch, weil sie Drogen und Alkohol konsumierte, um den inneren Schmerz zu stillen.

Nach dem Aufenthalt in der Klinik ließ sie sich den Schriftzug stechen. Er soll die Narben kaschieren, aber nicht verstecken – und ihr immer wieder Mut machen. In der Dokumentation *Stay Strong* spricht sie über ihre Erkrankung, die Therapie und das Leben danach. »Mir geht es gerade großartig, ich lebe richtig gesund. Das ist nicht einfach, ich habe zu kämpfen. Aber es wird jeden Tag einfacher.«

Weitere Promis, die sich in jüngeren Jahren selbst verletzt haben

- Die Schauspielerin Angelina Jolie
- Die Sängerin Billie Eilish
- Prinzessin Diana

7. Sucht und Substanzmissbrauch

Alkohol darf man mit 16 Jahren kaufen und trinken, Zigaretten ab 18 Jahren rauchen. Cannabis wurde gerade für über 18-Jährige legalisiert. Viele Jugendliche machen aber schon deutlich früher Erfahrungen mit Drogen. Denn diese gehören in der Gesellschaft oft wie selbstverständlich dazu, etwa auf Festen und Partys und manchmal auch zu Hause. Die Grenze zwischen ausprobieren, zu viel nehmen und abhängig werden sind fließend – und schnell überschritten.

Good 2 know

Banal, weil legal? Cannabis zu besitzen und selbst anzubauen ist seit April 2024 für alle Volljährigen in Deutschland legal. Künftig wird es auch lizenzierte Vereine geben, die es verkaufen können. Doch legal heißt nicht automatisch ungefährlich. Das beweisen Statistiken zum Thema Alkohol. Mehr als 70000 Menschen sterben jedes Jahr direkt oder indirekt durch übermäßigen Alkoholkonsum, etwa durch Unfälle oder Krebserkrankungen.

Auch Cannabis kann negative Effekte haben. Ein Rausch wird manchmal begleitet von Übelkeit, Sehstörungen, depressiver Stimmung, Angstgefühlen und Erinnerungslücken. Schon ein einziger Joint kann Wahnvorstellungen und Halluzinationen auslösen, manchmal sogar eine schwere Psychose.

Regelmäßiges Kiffen kann in der Jugend die Entwicklung des Gehirns stören und dauerhafte Schäden hinterlassen.

Info-Portal über Drogen von der BzgA

drugcom.de

Steckbrief

Was bedeutet Sucht, was Substanzmissbrauch?

Substanzmissbrauch: Davon spricht man, wenn Betroffene in wenigen Stunden große Mengen trinken; mehrere Drogen gleichzeitig nehmen; sich von den Substanzen übergeben oder einen Filmriss erleben. Auch Verhaltensweisen wie etwa viel zu trinken, obwohl man noch Rad oder Auto fahren muss; was zu nehmen, um besser drauf zu sein; Hasch zu rauchen, um Ärger zu vergessen; Pillen zu schmeißen, um länger fit zu sein, gehören dazu.

Sucht. Bei einer Sucht liegt ein heftiges Verlangen vor, wieder zu trinken oder zu kiffen, ohne Kontrolle darüber zu haben, wie viel man trinkt oder einnimmt. Was anfangs kickte, wird normal, sodass Betroffene immer mehr vom Stoff brauchen, um den Rausch zu spüren. Was sie früher nur in Gruppe und mal am Wochenende genommen haben, muss jetzt jeden Tag sein, auch öfter mal allein; wenn sie nichts nehmen, reagiert der Körper mit Entzugssymptomen wie Kopfschmerzen, Übelkeit, Schwitzen und Zittern sowie mieser Laune. Schule, Ausbildung und auch Hobbys werden unwichtig, nur die Droge und die nächste Gelegenheit zum Konsum zählen. Trotz Problemen in der Schule und Streit mit engen Freunden oder der Familie wird weiter konsumiert.

Wie häufig ist das? 13,9 Prozent der männlichen Jugendlichen zwischen 12 und 17 Jahren trinken regelmäßig Alkohol, bei den weiblichen sind es 5,4 Prozent. Knapp 10 Prozent der Jugendlichen haben bis zum 17. Lebensjahr schon mal Cannabis geraucht; knapp 3 Prozent spielen exzessiv Computerspiele, genauso viele rauchen jeden Tag Zigaretten. Ob bei ihnen dann immer auch eine Sucht vorliegt, dazu machen die Studien keine Aussage.

Was sind die Folgen?

Körperlich: Drogen sind Nervengifte, sie greifen den Körper und all seine Organe an, etwa die Leber. Auch das Risiko für Krebserkrankungen ist stark erhöht.

Psychisch: Häufiger und übermäßiger Konsum kann Depressionen, Psychosen und Angsterkrankungen auslösen.

Sozial: Freundschaften zerbrechen, Konflikte zu Hause werden massiv, in der Schule treten Probleme auf. Betroffene verlieren ihren Anschluss im Sportverein oder bei anderen Hobbys: Sucht macht einsam. Um an Stoff zu kommen und diesen bezahlen zu können, beginnen manche zu klauen.

Computerspiele und Sucht: Seit es Computerspiele gibt, gibt es auch Menschen, die übermäßig viel Zeit damit verbringen und dabei alles um sich herum vergessen. Weil Computer aber heute in jedem Haushalt stehen und die Spiele dafür immer ausgefeilter und attraktiver wurden, beobachten Fachleute ein immer größer werdendes Problem: eine Sucht nach Computerspielen. Erst seit 2018 ist das eine offizielle Erkrankung.

Der Unterschied zu anderen Süchten ist, dass man keine Substanz einwirft, raucht oder trinkt, sondern der Rausch quasi durch das eigene Tun ausgelöst wird. Das Spielen am Rechner und vor allem das Gewinnen dabei löst Euphorie aus. Diese möchte man wieder und wieder erleben. Ein Teufelskreis in die Sucht beginnt.

Shoppen, Sex, Sport: Fast alles, was richtig Spaß macht und Glücksgefühle auslöst, kann süchtig machen, genau so wie Alkohol oder Kokain. Dazu zählen auch Arbeiten, Glücksspiel, Sportwetten – und eben Computerspielen.

Allerdings ist exzessives Zocken, Joggen oder das Durchscrollen von Social-Media-Accounts nicht immer gleichzusetzen mit Sucht. Jugendliche neigen zu Extremen, das ist normal. Wo ist also die Grenze? Warnsignale sind, wenn

- sich alles im Leben nur noch um das Game, den Sport oder Insta dreht,

- die Schulnoten einbrechen,
- jemand sogar den Unterricht schwänzt, um weiterzudaddeln,
- Freundschaften leiden,
- jemand nicht mehr unter Kontrolle hat, wie viel Zeit draufgeht, und nicht aufhören kann.

Das kennst du vielleicht: Du sitzt abends vorm Laptop oder Fernseher und guckst Netflix, neben dir eine Tüte Chips. Du hast dir vorgenommen, nur die halbe Packung zu snacken, den Rest für einen anderen Abend aufzuheben. Aber nach einer Folge *Stranger Things* ist die Tüte leer. Du konntest nicht widerstehen.

Oder: Du wolltest nur zwei Folgen gucken und plötzlich ist es schon 1 Uhr nachts, weil es doch 6 Folgen wurden. Um 6 Uhr klingelt dein Wecker.

Oder: Du hast Bock auf Schokolade, aber es ist keine mehr im Süßigkeitenschrank. Es ist schon 20 Uhr, du hast Jogger an, die nächste Schoki-Quelle ist einen Kilometer entfernt – und dann setzt auch noch Regen ein. Aber du überlegst trotzdem, noch mal loszugehen.

Oder: Du willst unbedingt wissen, wie es in der neuen Serie weitergeht, und ziehst deshalb sogar in Erwägung, dafür auf den gemeinsamen Abend mit Freunden zu verzichten.

Süchtig nach Chips, Schokolade oder Serien bist du deshalb noch nicht. Aber trotzdem ist da dieser massive Drang, etwas haben zu wollen und dafür auch unschöne Situationen in Kauf zu nehmen. Dieses Gefühl, sein eigenes Verhalten nicht kontrollieren zu können oder soziale Kontakte hintenanzustellen, das erleben Menschen mit Süchten auch – nur noch sehr viel öfter, stärker und ohne dass sie dem Verlangen widerstehen können.

#hooked Der Sänger Max Giesinger macht eine Social-Media-Pause. Die Sängerin Selena Gomez aus den USA hat gar keinen eigenen Zugang mehr zu ihrem Instagram-Account, sondern lässt ihren Manager Bilder und Posts einstellen. Der Spiderman-Darsteller Tom Holland hat sich gänzlich von sozialen Netzwerken verabschiedet.

Gründe für den Digital Detox: zu viel Scheinwelt, zu viele Hasskommentare – und zu viel Zeit am Bildschirm.

Wir alle haben das schon erlebt: nur mal kurz nachschauen, was heute so los war. Zack, sind 2 Stunden um. Was bleibt: Erschöpfung und ein schaler Nachgeschmack. Soziale Medien können eine Sogwirkung auslösen. Sie sind extra so programmiert, dass man immer weiterscrollt. Ob das wirklich zu einer Sucht führt, ist noch umstritten.

WIE FÜHLT SICH DAS AN, ERIC STEHFEST?

Neun Tage dauerte der längste Rausch von dem Schauspieler Eric Stehfest an. Er hätte ihn fast das Leben gekostet. Davon berichtet er in seinem Buch 9 *Tage wach*, das mittlerweile auch verfilmt wurde.

Seine Drogenkarriere beginnt mit Alkohol und Haschisch. Als er 14 ist, nimmt er das erste Mal Crystal Meth, ein Aufputschmittel, das sehr schnell sehr abhängig macht. Zehn Jahre lebt er fast nur auf Drogen. Auf der einen Seite: Party und Rausch. Auf der anderen: Schlafmangel und Verfolgungswahn. Von Crystal Meth bekommt er außerdem Krämpfe, ist verwirrt. Seiner Familie und seinen Freunden misstraut er. Verschwörungstheorien machen sich in ihm breit. Für die Droge wird er sogar kriminell und landet immer wieder vor Gericht: Diebstahl, Körperverletzung, usw. ...

Mehrere Male geht er in eine Entzugsklinik. Nach dem neuntägigen Rausch auch. Diesmal bleibt er clean, bis heute. Seine Erfahrung nutzt er, um aufzuklären. Neben dem Buch und Film über sein Leben hat er auch Kurzfilme über die Sucht und seine Psychose gedreht. Er ist mit der Serie *GZSZ* berühmt geworden, inzwischen verheiratet und hat ein Kind.

Weitere Promis, die eine Suchterkrankung haben – und clean leben

- Die Sängerin Sia
- Der Schauspieler Daniel Radcliffe
- Das Model Bella Hadid
- Der Sänger Justin Bieber
- Der Rapper Eminem
- Der Sänger Robbie Williams

Nie wieder einen Tropfen? Nie wieder Alkohol, nie wieder Computer spielen, nie wieder Sport machen?

Die Antwort auf eine Sucht ist nicht immer und ausschließlich der komplette Verzicht, da sind sich Fachleute mittlerweile einig. Sie ermöglichen Menschen, die zu einer Abhängigkeit neigen und sich behandeln lassen wollen, in der Therapie den Konsum zu reduzieren – statt abstinent zu leben. Bei vielen hat das Erfolg, wenn auch nicht bei allen. Genauso ist es aber auch mit der Abstinenz: Nicht alle schaffen es, ein Leben lang zu verzichten.

Betroffene trauen sich durch die neue Option eher, professionelle Hilfe in Anspruch zu nehmen. Das »Nie-wieder« hat sie bisher abgeschreckt.

8. Suizidalität

Menschen, die an Suizid denken, wollen nicht sterben.

Sie wollen, dass das Leben, so wie es gerade ist, aufhört.

Sie wollen also, dass sich etwas verändert, sehen aber keinen Weg mehr dorthin. Deshalb ist es so wichtig, dass Menschen über ihre Nöte sprechen. Auch über Gedanken an den eigenen Tod.

Aber: Über Suizid sprechen ist noch immer ein großes Tabu. Die meisten Menschen scheuen es. Dabei ist es nicht gefährlich, jemanden zu fragen, ob er darüber nachdenkt, sich das Leben zu nehmen. Es kann ein Rettungsanker sein. Es kann Leben retten.

Nachzufragen öffnet die Tür dafür, sich aussprechen zu können und einen anderen Weg zu finden, die eigenen Probleme zu lösen. Denn es geht dabei ja nicht darum, darüber zu reden, wie jemand sein Leben beenden möchte. Sondern über die Nöte, die zu dieser Verzweiflung führen.

Im Gespräch wirken die Probleme manchmal weniger schwer. Die Person, die einem zuhört, kann dabei unterstützen, Hilfe zu finden. Im Austausch können wieder Wege für das eigene Leben sichtbar werden, die die Betroffenen im Strudel der Suizidgedanken nicht mehr sehen konnten.

STOP

Rote Linie Kreisen deine Gedanken um Suizid? Sprich mit jemandem darüber! Bei der Nummer gegen Kummer hört dir rund um die Uhr jemand zu, anonym und ohne Kosten: 116 111 oder unter nummergegenkummer.de.

Willst du lieber mit einer gleichaltrigen Person Kontakt aufnehmen, dann geht das bei der Mailberatung u25-deutschland.de.

Suizidgedanken und -handlungen für sich genommen sind keine psychische Erkrankung. Sie können während einer psychischen Krise auftreten oder aber Teil einer Erkrankung sein.

Steckbrief

Was ist mit den anderen Bezeichnungen dafür? Häufig sprechen Leute von Selbstmord oder Freitod. Beide Bezeichnungen sind nicht passend. Selbstmord stellt diesen Moment größter Verzweiflung in eine Ecke mit einer Straftat, nämlich Mord. Hier schwingt immer ein Vorwurf mit, eine Schuld. Das Wort »Freitod« legt nahe, dass jemand sich aus freien Stücken dazu entschieden hat, zu sterben. Doch in den meisten Fällen begeht jemand einen Suizid im Rahmen einer psychischen Erkrankung, also in einer Zeit, in der das Denken, Fühlen und Handeln stark verändert sind. Wie sehr da noch von »freiwillig« gesprochen werden kann, ist strittig. Suizidgedanken und -versuche sind oft Ausdruck eines großen Leids und großer Verzweiflung.

Wie häufig sind Suizide? Jedes Jahr nehmen sich in Deutschland rund 10 000 Menschen das Leben. Das ist pro Stunde mindestens eine Person. Circa zwei Prozent davon sind jünger als 20 Jahre.

Wie häufig sind Suizidversuche? Viele Suizidversuche werden nicht als solche erkannt, daher gibt es keine handfesten Zahlen dazu. Fachleute schätzen: Auf jeden Suizid kommen etwa 10 Suizidversuche. Das sind etwa 100000 Menschen pro Jahr, die es versuchen, also mehr als 270 pro Tag.

Wie häufig sind Suizidgedanken? Jede*r zweite Jugendliche denkt irgendwann mal daran, sich das Leben zu nehmen. Bei den meisten verfliegen die Gedanken wieder, wenn sich das Problem löst, das dazu geführt hat.

Was löst Gedanken an einen Suizid aus? Vor allem in jungen Jahren können Sinnkrisen, Mobbing, eine Beziehung, die zerbricht, oder familiäre Probleme ausschlaggebend sein für Lebensmüdigkeit. Auslöser muss nicht immer eine psychische Erkrankung sein.

Welche Hinweise auf Suizidalität gibt es? Wer konkrete Pläne hat,
- zieht sich zurück von Familie und Freunden, beendet Freundschaften oder meidet Abende und Wochenendausflüge mit der Familie
- verschenkt Gegenstände, die ihm oder ihr wichtig sind
- kleidet sich mitunter anders, düsterer
- malt eventuell dunkle, verstörende Bilder
- kündigt einen geplanten Suizidversuch fast im-

mer an, manchmal verdeckt; Beispiele: *Mir wird alles zu viel. Ich mag nicht mehr. Ich will nur noch schlafen und nicht mehr aufwachen. Es ist alles sinnlos. Mich wird keiner vermissen.*

Goethe versus Mozart: Nach Berichten über den Suizid eines berühmten Musikers oder einer beliebten Schauspielerin steigt die Zahl der Selbsttötungen an. Fachleute sprechen vom **Werther-Effekt**. Der Begriff ist abgeleitet von dem Buch *Die Leiden des jungen Werthers* von Johann Wolfgang von Goethe. Darin verliebt sich die Hauptfigur unglücklich und erschießt sich. Nachdem der Roman vor über 250 Jahren erschienen war, verzeichnete man für einige Zeit mehr Selbsttötungen mit einer Schusswaffe bei jungen Männern. Moderne Studien bestätigen diesen Effekt.
Berichte in den Medien regen nicht einfach so aus dem Nichts zum Suizid an. Sie senken aber anscheinend bei Menschen, die bereits daran denken, ihr Leben zu beenden, die Hemmschwelle. Vor allem, wenn sie sich mit der verstorbenen Person verbunden fühlen, weil sie vielleicht die Lieblingsmusik gemacht hat oder gleich alt war.
Das Gegenteil bewirkt der **Papageno-Effekt**: Wenn ein Buch, ein Film, ein Reel oder ein Medienbericht davon handelt, dass jemand eine Krise voller Suizid-

gedanken bewältigt hat und seine Probleme lösen konnte, dann kann auch das »ansteckend« sein. Das haben vermehrt Erhebungen bestätigt. Angelehnt ist der Begriff übrigens an eine Figur aus der Oper *Die Zauberflöte* von Wolfgang Amadeus Mozart. Papageno will sich darin erhängen, aber drei Jungen eilen herbei und reden ihm gut zu, sein Leben nicht zu beenden. Papageno nimmt ihren Rat an und überwindet die schwierige Lebenslage.

Wie in der suizidalen Krise helfen?

Nachfragen. Wer jemanden auf Suizidgedanken oder -pläne ansprechen möchte, sollte es ernst meinen und bereit sein, zu helfen. »Denkst du daran, dir das Leben zu nehmen?« Die Frage ist simpel, aber kommt natürlich schwer über die Lippen. Sie zu stellen kann allerdings Leben retten. Deshalb: Trau dich!

Zuhören. Frag nach, was in dem anderen vorgeht. Bleib ruhig und respektvoll, fälle kein Urteil über die Person und ihre Gefühle.

Sag der Person, wie es ist: Suizidgedanken gehen vorüber, und wenn eine psychische Erkrankung der Auslöser ist, kann die gut behandelt werden.

Unterstützen. Ermutige die Person dazu, sich professionelle Hilfe zu suchen. Das kann der Anruf bei einem Krisendienst sein, der Gang in eine Beratungsstelle oder ein Termin bei einer Psychotherapeutin.

Du kannst anbieten, jemanden dabei zu begleiten oder den Kontakt herauszusuchen. Aber: Biete immer nur Hilfe an, die du auch umsetzen kannst und willst.

Kein Profi. Du musst die Person nicht heilen, nicht ihre Probleme lösen oder sie retten. Du bist kein Profi mit Ausbildung. Du kannst nur so viel tun, wie du dir auch zutraust. Wenn es nur das Gespräch ist, dann ist das schon viel wert.

Indirekt helfen. Du hast den Verdacht, dass jemand an Suizid denkt, traust dich aber nicht die Person darauf anzusprechen? Dann such jemanden, der das kann und tut.

STOP

Rote Linie Hat die Person bereits sehr konkrete Pläne, wann, wo und wie der Suizid ablaufen soll, hol dir schnellstmöglich Hilfe bei einer Telefonhotline wie »Nummer gegen Kummer« (116 111) oder ruf in ganz dringenden Fällen den Notarzt.

WIE FÜHLT SICH DAS AN, KATY PERRY?

Die Sängerin Katy Perry aus dem sonnigen Kalifornien ist bekannt für kämpferische Songs wie »Roarrr« oder »Firework«. »Ich bin sehr stark als Katy Perry«, sagt sie 2017 in einer gefilmten Psychotherapiesitzung für das Magazin *Vice*. Unter Tränen ergänzt sie dann: Manchmal sei sie aber als Privatperson Katherine Hudson (wie die Sängerin mit richtigem Namen heißt) nicht so stark.

Katy Perry hatte schon mehrfach Suizidgedanken. In dem Lied »By the Grace of God« singt sie darüber.

Thought I wasn't enough
Found I wasn't so tough
Laying on the bathroom floor
We were living on a fault line
And I felt the fault was all mine
Couldn't take it any more

Sie hatte diese Gedanken bereits als ganz junge Frau, aber auch vor wenigen Jahren, als sie die Trennung von ihrem damaligen Freund verkraften musste und sich gleichzeitig ihre aktuelle Platte nicht so gut verkaufte. Sie erkrankte an einer Depression.

Psychotherapie und Medikamente brachten sie durch

diese Zeit. Sie hat außerdem gelernt, dankbar zu sein – für das Leben. Sie meditiert regelmäßig, das sei reinigend für den Kopf.

I picked myself back up (I knew I had to stay)
I put one foot in front of the other and I
Looked in the mirror and decided to stay

Weitere Promis, die mit Suizidgedanken gekämpft haben – und den Kampf gewonnen haben

- Der Sänger Ed Sheeran
- Das GNTM-Model Stefanie Giesinger
- Der Sänger Sam Smith
- Die Rapperin Nicki Minaj
- Der Schauspieler Will Smith
- Der NBA-Basketballer John Wall

Mythen über Suizidalität:

Wer sagt, dass er sich umbringen will, tut es nicht. Leider doch. Vier von fünf Jugendlichen, die sich das Leben nehmen wollen, kündigen das auf irgendeine Art vorher an, manche etwas versteckt in kleinen Äußerungen.

Wenn man mit jemandem über Suizid spricht, bringt man die Person auf falsche Gedanken. Überhaupt nicht. Eher im Gegenteil: Nachfragen ist besser als Schweigen. Viele sind erleichtert, über ihre seelische Not sprechen zu können. Wichtig ist, dass man auch bereit ist zuzuhören – und Hilfe anzubieten.

Wer sich das Leben nehmen will, ist nicht aufzuhalten. Stimmt meist nicht. Wer der verzweifelten Person ein ernst gemeintes Gespräch und Hilfe anbietet, kann die Person durchaus von dem Vorhaben abbringen.

Wer einen Suizidversuch überlebt hat, versucht es nicht noch einmal. Es gibt viele, die nur einmal in ihrem Leben eine so schwere Krise erleben, dass sie versuchen ihr Leben zu beenden. Dennoch: In dem Jahr nach einem Suizidversuch ist das Risiko für einen erneuten Versuch deutlich erhöht.

Psychische Erkrankungen im Film

In dem Disney-Zeichentrickfilm *Die Schöne und das Biest* wird der Vater von Belle für verrückt erklärt, als er in seinem kleinen Dorf von dem Biest erzählt. Kurz darauf wird er von einem Wagen abgeholt, der ihn in eine »Anstalt« bringt: Er wird weggesperrt. Von einem übel dreinschauenden und geldgierigen Arzt.

Kinder lernen: Einem andersdenkenden Mann wird eine psychische Erkrankung unterstellt und er wird wie ein Bösewicht abgeführt. All das wirkt willkürlich und bedrohlich.

Sind Menschen mit psychischen Störungen also gefährlich? Sollte man sich vor ihnen gruseln und sie in klapprigen Wägen aus der Stadt bringen? Sind Psychiater arglistig?

Vor allem ältere Disney-Filme und auch Cartoons, zum Beispiel mit Bugs Bunny, neigen dazu, sich über vermeintliche »Lunatics« lustig zu machen oder sie als gefährlich zu inszenieren.

Von *Schneewittchen* aus dem Jahre 1937 bis zu *König der Löwen* Ende der 1990er-Jahre: In circa 85 Prozent der früheren Disney-Filme wurden Worte wie »verrückt«, »irre« oder »nicht ganz knusper« verwendet. Fast immer wurde diese Zuschreibung für Figuren verwendet, die in der Geschichte ausgegrenzt wurden oder über die man sich lustig machte. Der »verrückte Hutmacher« in *Alice im Wunderland* ist zum Beispiel so eine Figur. Sein Name gibt ihm bereits den Stempel. Er sorgt für Lacher, weil er sich so seltsam verhält und ein bisschen wie betrunken wirkt, während er mit einem Hasen seinen »Nichtgeburtstag« feiert.

Was hängen bleibt: Personen mit psychischen Erkrankungen sind ganz anders. Man muss vor ihnen Angst haben und sollte sich von ihnen abwenden. Oder man kann sich über sie lustig machen.

Ein ähnliches Bild vermitteln auch zahlreiche Spielfilme. Vor allem Krimis und Thriller zeichnen den Täter oft als psychisch erkrankt. Oder die einzig seelisch labile Person im Umfeld des Getöteten steht sofort unter Verdacht, den Mord begangen zu haben. Einfach, weil er oder sie so anders ist.

Eine Medienwissenschaftlerin hat mal die Sonntagabendkrimis *Tatort* und *Polizeiruf 110* analysiert und sich dafür 24 Folgen angesehen, in denen Menschen mit psychischen Erkrankungen auftauchten. In der Hälfte der Krimis wurden diese tatsächlich als Täter oder Täterin »entlarvt«. In weiteren sechs Filmen waren sie zumindest verdächtigte Personen. Selbst in diesen renommierten Sendungen lernen wir die Verknüpfung: seelisch erkrankt = gewalttätig und gefährlich.

Auch aktuelle Nachrichten reihen sich hier ein. Wenn jemand gewalttätig war, dann wird heute immer gefragt: Wo kam die Person her, ist sie deutsch? Und: Hat sie eine psychische Erkrankung? Als ob diese beiden Eigenschaften alles erklären würden. Studien bekräftigen immer wieder: Sie tun es nicht.

Reißerische Medienberichte, Filme, Serien und auch manche Bücher schüren in uns eine Angst vor Menschen mit psychischen Erkrankungen – die völlig unbegründet ist.

Was stimmt? Seelisches Leid kann sich so zuspitzen, dass die Erkrankten jemand anderen verletzen. Aber das ist selten.

In Deutschland erkranken pro Jahr etwa 23 Millionen Menschen psychisch. Wenn nur eine Person davon gewalttätig wird, füllt das die Schlagzeilen – und bleibt besonders gut in unserem Gedächtnis hängen.

Von den anderen Millionen Menschen, die friedlich leben, hören wir derweil nichts. Dennoch stehen Menschen mit Depressionen, Psychosen oder Sucht unter Generalverdacht. Dabei neigt nur ein winziger Bruchteil von ihnen dazu, Gewalt auszuüben. Die meisten ziehen sich vielmehr zurück und meiden andere Menschen.

Wenn es doch zu einer Gewalttat kommt, dann zumeist nur in sehr schweren Krankheitsphasen, etwa während einer heftigen Psychose. Und selbst dann sind Übergriffe immer noch selten. Ein paar Zahlen zum Vergleich:

- Risiko, bei einem Autounfall zu sterben: 1:100
- Risiko, durch ein Gewaltverbrechen zu sterben: 1:160 000
- Risiko, durch die Gewalttat eines psychisch erkrankten Menschen zu sterben: 1:1 500 000

Das Risiko dafür, dass einer der genannten *Tatorte* die Realität wiedergibt, liegt also bei 0,000006666666 Prozent.

Menschen, die während einer psychischen Erkrankung aggressiv werden, tun das auch nicht deshalb, weil sich nun »ihr böses Inneres« nach außen kehrt. Manche von ihnen nehmen die Welt um sie herum einfach völlig verzerrt wahr, vieles wirkt für sie bedrohlich, was es eigentlich nicht ist. Die Aggression ist häufig ein Ausdruck von Angst und eher der Versuch, sich zu schützen oder zu verteidigen – nicht, jemanden bewusst anzugreifen.

Warum ist die verzerrte Darstellung von psychisch Erkrankten ein Problem?

Wenn man die Verbindung zwischen psychischer Gesundheit und Gewalt nur oft genug hört, entsteht das Gefühl, dass da etwas dran sein könnte. Das ist ein ganz normaler psychologischer Effekt. Die Folge: Unbehagen macht sich breit.

Das funktioniert auch mit anderen Dingen: Wenn wir nur oft genug davon hören, dass Menschen mit Schnupfen dazu neigen, zu klauen, dann würde sich das irgendwann in unserem Hinterkopf festsetzen. Wir würden es vielleicht nicht direkt glauben, aber uns doch fragen, ob nicht etwas dran sein könnte – schließlich hören wir es doch so oft.

Die Folgen von solchen Fehlverknüpfungen sind drastisch: Die Betroffenen sind ja ohnehin schon sehr verängstigt, sie zweifeln an sich, fühlen sich ausgeschlossen oder sogar von anderen verfolgt. Nun werden sie durch die Vorurteile noch mehr zu Außenseitern. Sie werden zu Menschen abgestempelt, die man meidet und fürchtet.

Das trägt dazu bei, dass sich Betroffene noch seltener Hilfe suchen. Die Scham ist zu groß. Das bedeutet, dass sie auch keine Therapie erhalten. Die Erkrankung verschlimmert sich.

Gleichzeitig übernehmen viele Betroffene diese Außensicht: unberechenbar, gefährlich. Sie verinnerlichen die Vorurteile und halten sich für nicht gesellschaftsfähig, ziehen sich zurück. Das setzt der mentalen Gesundheit noch weiter zu.

Dieses Stigma, wie Fachleute die abwertende Haltung gegenüber psychisch Erkrankten nennen, ist wie eine zweite Krankheit. Sie legt sich tonnenschwer auf die Schultern der schon Geschwächten und zieht sie noch weiter herunter.

Filmreif! Authentisch und nahe am Leben: In zahlreichen Filmen werden Menschen und ihre Erkrankungen heute deutlich realistischer und einfühlsamer dargestellt. Damit wird immer öfter angemessen – und sogar unterhaltsam – über psychische Gesundheit aufgeklärt.

- A Beautiful Mind (2001): Film über Schizophrenie eines Nobelpreisträgers
- Alles steht Kopf (2015) und Alles steht Kopf 2 (2024): Pixar-Filme über Gefühle
- Durchgeknallt (1999): oscarprämierter Film über Selbstverletzung und Suizidversuch
- Euphoria (2019): Sky-Serie über Mental Health und Highschool
- It's kind of a funny story (2010): Film über Depression, Suizidgedanken
- It's Okay to Not Be Okay (2020): Netflix-Serie aus Südkorea über psychische Gesundheit
- Silver Linings (2012): oscarprämierter Film über Bipolare Störung
- Vielleicht lieber morgen (2012): Film über Mental Health und Highschool

KAPITEL 5
JETZT KOMMT DER PUDERZUCKER!

Oder: Was hält mich gesund?

Mach psychische Gesundheit zu deiner Priorität.
Nimm dir Zeit für sie, als ob dein Leben davon abhinge.
Denn das tut es.
(Mel Robbins, Journalistin)

So wie du im Winter eine dicke Jacke und Mütze trägst, um nicht krank zu werden, kannst du auch *Life Hacks* anwenden, die verhindern, dass deine Psyche Schnupfen bekommt. Es gibt viele Dinge, die nachweislich die mentale Gesundheit stärken.

Gleichzeitig gilt aber auch: Dicke Kleidung ist nicht der einzige Schutz vor einer Erkältung, da gehört oft mehr dazu. Also: Es ist sehr hilfreich, mehrere verschiedene Sachen für sich und seine Psyche zu machen.

Ein paar Hinweise vorab:

Nichts muss, alles kann. Es gibt Unmengen Möglichkeiten, sich mental zu stärken. Wichtig ist: Nicht alles davon musst du tun. Und vor allem nicht alles auf einmal. Schau, was du am besten für dich umsetzen kannst, in welcher Anregung du dich wiederfindest. Es lohnt sich, verschiedene Dinge mal auszuprobieren, auch solche, die du noch nicht kennst. Vielleicht machst du manche Dinge ja auch schon. Bleib dabei und baue das aus.

Jeder Schritt ist wertvoll. Alles, was du für deine mentale Gesundheit tust, ist gut. Aber es ist nichts, was sich mit der Smartwatch tracken lässt. Hier geht es nicht um 10000 Schritte pro Tag oder eine bestimmte Menge Kilokalorien pro Mahlzeit. Es geht eher darum, sich Gutes zu tun und auf sich zu achten. Das kann auch erst mal nur in kleinen Schritten geschehen.

Veränderungen dauern. Manche Aktivitäten zeigen erst nach einer Weile ihre Wirkung. Unser Gehirn muss dafür frische Vernetzungen anlegen. Neue Gewohnheiten brauchen Zeit, bis sie sich eingeschliffen haben. Sei also ein wenig geduldig mit dir, auch wenn nicht jede Veränderung leichtfällt.

Stress dich nicht. Das ist das Allerwichtigste: Sich um seine psychische Verfassung zu kümmern, soll nicht stressen. Es soll dir guttun, am besten sogar Spaß machen. Also finde heraus, was du magst und was zu dir passt.

Klar, nicht alles in deinem Leben kannst du selbst bestimmen. Deine Eltern kannst du dir nicht aussuchen. Schule muss sein. Freunde kannst du dir nicht backen.

Aber du kannst trotzdem vieles dafür tun, dass es dir mental gut geht. Oder dass es dir besser geht, falls du schon mal erkrankt warst oder ein heftiges Tief hattest.

Widerstandsfähig sein – und bleiben

Ein Fachwort, das heute überall durch die Medien schwirrt, ist *Resilienz*. Es bedeutet so viel wie *psychische Widerstandskraft*. Anders gesagt: Trotz großer Probleme oder Krisen psychisch gesund zu bleiben.

Dahinter verbergen sich ein paar Eigenschaften und Fähigkeiten, die in schwierigen Zeiten dafür sorgen, dass wir nicht den Halt verlieren. Fast alle davon kann man üben oder daran feilen.

Psychisch widerstandsfähige Personen haben zum Beispiel folgende Eigenheiten:

- Sie glauben an sich selbst und an die eigenen **Stärken**
- Sie können darüber **lachen**, wenn mal etwas schiefläuft
- Sie haben enge und gute **Freundschaften**
- Sie schaffen Dinge auch mal **auf eigene Faust** oder probieren etwas aus
- Sie können **akzeptieren**, dass sich Dinge verändern
- Sie sind **neugierig** und interessieren sich für Neues
- Sie **bleiben dran**, wenn es mal kniffelig wird

Vielleicht erkennst du dich in manchen Stichpunkten wieder. Oder vielleicht nur in wenigen? Keine Sorge, daran lässt sich arbeiten.

Zu wissen, was Menschen stärkt, gibt uns die Möglichkeit, etwas zu verändern, zu verbessern oder auszubauen.

Good 2 know

Sich Gutes tun. Alles, was du tun kannst, um deine psychische Gesundheit zu stärken, kann dir auch helfen, um wieder gesund zu werden. Vieles, was in diesem Kapitel steht, tut auch gut, wenn du doch mal erkrankt bist. Es ersetzt keine Behandlung, aber kann sie unterstützen.

Hier und jetzt. Lenke deine Wahrnehmung

Vermutlich hast du auch diesen Begriff schon öfter gehört: *Achtsamkeit*. Fast immer, wenn es um psychische Gesundheit geht, kommt er zur Sprache. Achtsamkeit stammt aus dem Buddhismus, aber wir müssen nicht gleich zu Buddhisten werden, wenn wir achtsamer leben. Das funktioniert auch so und ganz ohne Religion.

Es geht dabei darum, mit den eigenen Gedanken im Hier und Jetzt zu bleiben und mit allen fünf Sinnen die Welt wahrzunehmen – so wie sie jetzt ist, genau dort, wo wir uns befinden.

Denn häufig sind unsere Gedanken so ziemlich überall, nur nicht im Hier und Jetzt. Eine Beispielsituation, wie du sie vielleicht so oder so ähnlich kennst:

Du fährst mit dem Rad von der Schule nach Hause. Deine Gedanken rennen Marathon: Wie ätzend die Sitznachbarin heute war. Was für blöde Hausaufgaben du aufbekommen hast. Wie viele Termine heute noch anstehen. Staubsaugen musst du zu Hause auch.

In deinem Kopf herrscht Stress pur. Dabei fährst du ja gerade mit dem Rad durch die Sonne – und könntest währenddessen auch mal gedanklich ausspannen. Achtsamkeit kann dabei helfen.

Wenn du das nächste Mal Rad fährst, dann schalte mal alle deine Sinne an – und das Gedankenkarussell aus:

Spür den Wind auf deiner Haut im Gesicht, während du radelst!

Hör zu, wie die Vögel in den Bäumen zwitschern. Hörst du deinen Atem? Oder wie die Reifen auf dem Boden knirschen?

Riech mal! Vielleicht ist es Herbst und es riecht nach Laub. Oder es ist Frühling und Fliederduft liegt in der Luft.

Nimm wahr, wie die Welt an dir vorbeizieht, wenn du fährst.

Nimm all das einfach nur wahr. Ganz ohne es zu bewerten. Alles ist gut, so wie es in dem Moment ist.

Das ist Achtsamkeit. Mehr braucht es nicht.

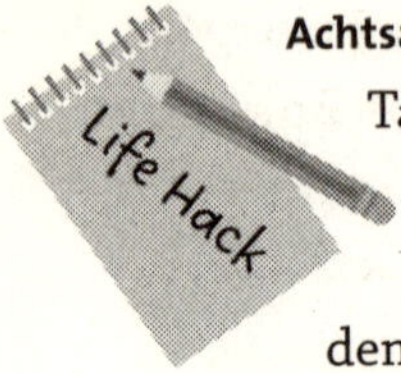

Achtsam im Alltag Achtsamkeit kannst du zu jeder Tageszeit und überall üben. Und wenn du nur eine Minute innehältst. Morgens an der Bushaltestelle. Beim Zähneputzen. Auf dem Weg zum Schulsport.

Oder genau jetzt und hier. Leg mal das Buch beiseite und nimm einfach wahr, was ist:

Was hörst du? Was ist das für ein Geräusch? Ist es laut oder leise? Regelmäßig oder nur ab und zu? Ist es in der Nähe oder weiter weg?

Was siehst du, wenn du aus dem Fenster schaust? Schau dir einen Gegenstand genau an. Ist er groß oder klein, rund, eckig, spitz, flach, steht, liegt oder fährt er? Welche Farben hat er?

Was riechst du? Ein Parfüm, die Natur, einen Tee, deine Brause, ein altes Möbelstück? Frisch, süß oder blumig: Wonach riecht es?

Kann sein, dass deine Gedanken bei solchen Achtsamkeitsübungen ganz schnell wieder auf Wanderschaft gehen wollen. Zu dem, was in der Schule vorgefallen ist oder was demnächst ansteht.

Wenn das passiert, ärgere dich nicht. Das ist vollkommen normal. Versuch, dich immer wieder zurück zur Übung zu holen. Sei nachsichtig mit dir.

Nimm dir vor, ein- oder zweimal am Tag solche Achtsamkeitsmomente zu erleben. Überleg dir, in welchen Situationen du all deine Sinne anschalten möchtest. Vielleicht fängst du schon heute beim Abendbrot an. Achte drauf, wie der Käse riecht und welche Farbe er hat. Wie das Brot sich im Mund anfühlt. Was es für Geräusche macht, wenn du in die Gurke beißt. Wie jede einzelne Zutat schmeckt.

Und was genau soll das jetzt bringen?

Achtsamkeit entschleunigt. Sie nimmt das Tempo heraus. Unsere Welt ist schnell. Gleichzeitig müssen wir an so viele Dinge in der Zukunft denken, haben jede Menge Erlebnisse aus der Vergangenheit zu verarbeiten.

Da tut es gut, mal eine kurze Zeit nur bei sich und im Moment zu sein.

Studien haben gezeigt, dass Achtsamkeitsübungen uns körperlich und auch mental entspannen. Wenn wir uns sehr gestresst fühlen, kann Achtsamkeit das gefühlte Stresslevel senken.

Sie kommt deshalb zum Einsatz, um mentalen Problemen vorzubeugen, wie etwa Depressionen. Psychotherapeutinnen und Psychotherapeuten nutzen sie aber auch in der Behandlung von psychischen Erkrankungen, wie Angststörungen.

Du musst dafür nicht immer das ganze Rundum-Bild von deiner Umgebung wahrnehmen, im Gegenteil. Du kannst dich auch nur nach innen besinnen und auf deinen Atem lauschen. Für diese Achtsamkeitsübung brauchst du gar nichts, nur dich.

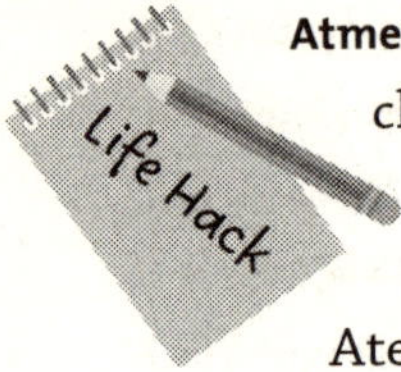

Atmen. Am besten, du sitzt oder liegst auf dem Rücken. Leg die Hände auf deinen Bauch. Und dann nimm wieder nur wahr: Wie sich deine Hände heben und senken. Wo der Atem hinfließt. Ob du durch Nase oder Mund atmest. Verändere nichts, lass den Atem einfach fließen. Mach das zehn Atemzüge lang.
Und jetzt spiel ein bisschen mit deinem Atem. Versuch mal alle Luft in den Bauch zu ziehen. Der bläht sich auf wie ein Ballon, deine Hände liegen auf dem Ballon. Spür ihn unter deinen Händen. Und dann atme ganz lange aus, bis du das Gefühl hast, dein Bauch ist ganz leer. Wiederhole das ein paarmal LANGSAM. Ballon – Luft raus. Ballon – Luft raus.

Atemübungen kannst du jederzeit machen. Wenn du abends ins Bett gehst und dich aufgewühlt fühlst, wenn du in einer Prüfung sitzt und nervös bist, wenn du dich ganz doll über etwas geärgert hast. Achtsamkeit hilft herunterzufahren. Wenn die Gefühle ein bisschen heruntergekocht sind, kannst du besser nachdenken – oder auch leichter einschlafen.

Think about it! Mach dir schöne Gedanken

Erinnerst du dich noch an den rosa Elefanten? Wenn nicht, dann hast du ihn spätestens jetzt wieder vor deinem inneren Auge. Der rosa Elefant ist ein Gedanke, ausgelöst durch das, was du gerade gelesen hast. Ständig ploppen in unserem Kopf Bilder, Erinnerungen und Gedankenfetzen auf. Mal angenommen, du hättest alle 5 Sekunden einen neuen Gedanken (in Wirklichkeit sind es sehr viel mehr), dann rauschen dir zwischen 6 Uhr morgens und 22 Uhr abends mehr als 11500 Gedanken durch den Kopf. Die meisten davon kommen, ohne dass du sie darum gebeten hast. Gedanken sind manchmal wie nervige Pushnachrichten auf dem Handy. Da ist auch oft ganz viel Quatsch und unnützes Zeug dabei.

Was machst du normalerweise, wenn eine Pushnachricht kommt? Kurzer Blick drauf und dann vermutlich swipen. Zack, ist sie weg und aus dem Sinn. Mit Gedanken geht das auch, aber manchmal fällt es uns viel schwerer, sie loszulassen. Oft sind es gerade unliebsame Gedanken, denen wir viel mehr Aufmerksamkeit schenken als nötig. Schlechte Laune, Grübelei und kritische Selbstgespräche sind in Ordnung und gehören im Leben dazu, wie Regen und Sonnenschein. Aber wir können es uns auch etwas leichter machen.

Die Forschung hat gezeigt: Wenn wir uns unschöne Erinnerungen bewusst ins Gedächtnis rufen, dann gesellen sich schnell weitere ungute Bilder und Erlebnisse dazu. Ein Strudel aus negativen Gedanken kann entstehen – und deine Stimmung herunterziehen.

Das geht aber auch andersherum: Wer sich an etwas Schönes erinnert, dem fallen auch schnell noch andere tolle Ereignisse ein. Die Stimmung steigt unweigerlich. Du kannst dir mit positiven Erinnerungen eine echte Feel-good-Übung basteln.

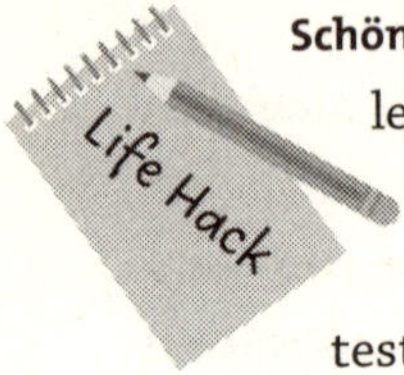

Schöne Erinnerung. Versuch dir mal ein tolles Erlebnis in Gedächtnis zu rufen, das du in letzter Zeit hattest. Ein lustiges Date, ein schöner Sonnenuntergang, eine Party: Wobei hattest du richtig Spaß, was hat dich beflügelt? Begib dich in Gedanken noch mal dorthin. Schwelge in Erinnerungen. Mit allen Sinnen. Wie hat es an dem Tag gerochen, wie waren die Temperaturen? Gab es Geräusche? Ein bestimmtes Gefühl in dir?
Ploppt durch die schöne Erinnerung noch eine andere auf, dann wandere doch auch dort hindurch.

Und wie geht es dir danach? Vermutlich ganz gut. Mit einem schönen Erinnerungsspaziergang in Gedanken kannst du dich selbst aufmuntern, zum Beispiel jeden Abend vor dem Schlafengehen. Mit guter Laune schläft es sich viel besser.

Du kannst dir stattdessen auch jeden Abend die schönsten Momente des Tages in Erinnerung rufen.

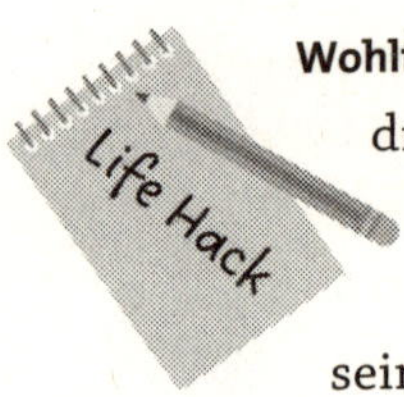

Wohlfühl-Tagebuch. Schreib dir am Ende des Tages drei Dinge auf, die du heute schön fandest, die dich erfreut oder auf andere Weise positiv gestimmt haben. Das können Kleinigkeiten sein: Die Luft heute früh war herrlich, jemand hat dir einen Stift geliehen, dein Spanisch-Test fiel gut aus, du hattest mit deiner Schwester einen Lachanfall, deine Katze hat ihren eigenen Schwanz gejagt, dein Vater hat zum Abendbrot eine köstliche Überraschung mitgebracht …

Durchbrich Muster!

Viele unserer Denkmuster haben wir erlernt. Wir haben sie uns bei den Erwachsenen abgeschaut oder ihr Verhalten hat dieses Denken in uns ausgelöst. Wir können wenig an anderen Menschen verändern, aber wir können unser eigenes Denken beeinflussen. Hier drei Beispiele für typische Denkmuster und Denkfallen – und wie wir ihnen begegnen können.

Was ist da los?	**Was kannst du tun?**
Der innere Kritiker	**Der beste Freund**
Wie deine Haare wieder aussehen! In Bio packst du echt gar nichts. Das wird doch wieder nix. Dieser olle Leberfleck. Kennst du solche Gedanken? Wir urteilen oft viel härter über uns selbst, als andere es tun würden. Wir sehen Makel, wo andere Stärken sehen. Unser innerer Kritiker hat die spitzeste Zunge und ist unerbittlich. Er ist gemein, verunsichert, nimmt uns den Mut und das Selbstbewusstsein.	*Schalte doch mal einen anderen Kanal an. Den von deinem inneren, besten Freund. Sag dir doch mal, was du an dir magst.* Das können deine wohlgeformten Ohren sein, wie gut du Witze erzählen kannst oder wie ausgebufft deine Schach-Skills sind. Schreib es dir auf: – Was kannst du gut? – Was magst du an dir selbst? – Was würdest du dir sagen, wenn du dein bester Freund wärst? Die Liste dämpft den inneren Kritiker. Heb sie auf und ergänze sie gelegentlich.

Was ist da los?	**Was kannst du tun?**
Das Drama	**Die Doku**
Voller Bus nach der Schule. Ein Typ rempelt dich beim Stoppen zum dritten Mal an. Die Situation ist eh schon stressig, aber das geht echt zu weit. Du kochst innerlich: »Das macht der doch mit Absicht. Noch einmal und ich schubse ihn!« So was Ähnliches hast du vielleicht auch schon mal erlebt. Wenn wir wütend, traurig oder ängstlich sind, geraten oft auch unsere Gedanken außer Rand und Band. Wir neigen dann dazu, die Lage aufzubauschen. Drama pur. Das verstärkt unser Empfinden noch mehr. Wir können dann kaum klar denken, handeln aus dem Bauch heraus und nicht so wie es vielleicht sinnvoll wäre.	Schritt Nummer 1: Tu nichts. In emotionalen Momenten wollen wir immer gleich etwas unternehmen, eine Nachricht schreiben, jemand anrufen, etwas herausbrüllen. Wir sind dann impulsiv. Aber stopp: Warte ab. Schritt Nummer 2: Atme durch. Zehnmal so richtig tief ein und aus. Schritt 3: Betrachte die Situation möglichst von außen und vollziehe nach, was gerade passiert ist. Als würdest du den Moment für jemand anderes dokumentieren. Überlege, ob es angemessen wäre, das zu tun, was dir zuallererst in den Kopf kam. Ist Zurückschubsen die Lösung? Musst du einen Hate-Post absenden? Oder übertreibst du da gerade?

Was ist da los?	Was kannst du tun?
Schwarz-Weiß-Denken	**Bunte Gedanken**
Wenn du nicht für mich bist, bist du gegen mich. Wenn du mir nicht hilfst, bist du keine gute Freundin. Wenn ich diese Prüfung nicht mit Eins bestehe, dann tauge ich nicht zum Abitur. Unser Denken funktioniert oft in Schwarz-Weiß. Es ist für das Gehirn am einfachsten, in Schubladen zu denken. Das spart Energie. Wenn wir jeden Tag darüber nachdenken müssten, wie man einen Schnürsenkel bindet oder das Abc schreibt, dann wären wir mit dem Alltag überfordert. Unser Gehirn erledigt deshalb das meiste automatisch. Es sortiert alles um uns herum in Kategorien. Dabei macht es aber auch Fehler: Wir meinen zu wissen, weshalb jemand so oder so handelt. Das stimmt aber oft nicht.	Es liegt nahe, zu denken, dass jemand uns nicht mag, wenn er oder sie uns bei einem Projekt nicht unterstützt. Und es kostet Energie, sich zu überlegen, was es noch für Gründe geben könnte. Dafür brauchen wir Einfühlungsvermögen, Zeit und Kraft zum Nachdenken. Statt Schwarz und Weiß finden wir dann ganz bunte Gedanken. Vielleicht hat die Person schon jemand anderem für ein Projekt zugesagt. Vielleicht hat sie einfach keine Zeit. Vielleicht ist sie zu erschöpft von der Woche, um sich noch zusätzlich etwas aufzuladen.

Sich von zu engen oder negativen Denkmustern zu befreien, ist anstrengend. Es kann dich aber schützen, nicht nur vor psychischen Problemen. Sondern auch davor, dass jemand diese ausnutzt.

Good 2 know

Populismus. Wenn wir unter Stress sind, zum Beispiel, weil wir viel zu wenig geschlafen haben, dann denken wir nicht so klar wie sonst und folgen eher automatischen Denkmustern. Wir sind an solchen Tagen auch leichter reizbar.
Unser Kopf braucht viel Kraft, um den alltäglichen Stress zu bewältigen, da bleibt wenig dafür übrig, etwas zu hinterfragen oder eine Situation mal aus mehreren Perspektiven zu betrachten.
Das nutzen manche Politiker*innen für sich aus, nämlich Populist*innen. Sie profitieren von Krisen. Ein Krieg, hohe Preise für den Einkauf oder steigende Kosten fürs Heizen: Das ist Stress für Menschen. Keinen Job zu haben auch. Um den Job zu bangen genauso. Das macht ängstlich und wütend.
Populisten versuchen diese Gefühle für sich zu nutzen, indem sie sie weiter befeuern. Sie hetzen. Und weil unser Gehirn in diesen turbulenten und auch Angst machenden Momenten schon so viel zu tun hat, hinterfragt es dann nicht, was jemand erzählt. Die Folge: Unter Stress, voller Angst oder mit Wut im Bauch lassen sich Menschen eher mitreißen – auch von Hass und Hetze.
Populist*innen nutzen unseren Hang zum Schwarz-

Weiß-Denken aus. Sie bieten uns ganz einfache Lösungen (schwarz oder weiß) für sehr komplexe Probleme (viele Grautöne) an. Ob die Lösung sinnvoll ist, ob sie überhaupt umgesetzt werden kann oder welche Folgen sie haben könnte: Darüber denken wir dann weniger nach. Und den Populist*innen ist es auch egal. Sie wollen gewählt werden – und Macht.

Stopp den Gedankenstrudel!

Warum muss ausgerechnet ich zur Vokabelkontrolle ans Whiteboard? Wo ich heute überhaupt keinen Schimmer habe. Wieso passiert das immer nur mir? Alle werden denken, wie doof ich bin ...

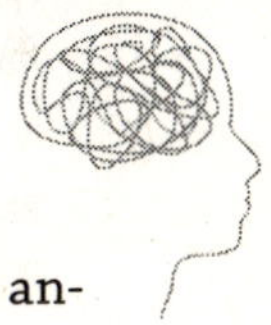

Wir alle kennen das: Negative Gedanken reihen sich aneinander, wir grübeln. Gerade nach unangenehmen Situationen, wenn jemand fies zu uns war oder wir einen Streit hatten. Dann drängen sich immer dieselben Fragen auf: Wieso, weshalb, warum?

Die Gedanken drehen sich dabei schnell im Kreis. Eine hilfreiche Antwort erhalten wir trotzdem nicht, auch wenn wir noch so lange eine Situation im Geist durchkauen.

Sich das Gehirn über etwas zu zermartern, ist gerade in turbulenten Zeiten normal und auch für eine kurze Zeit okay. Doch egal ob stundenlang oder nur für fünf Minuten: Der Gedankenstrudel zieht uns nach unten. Die Stimmung kippt schnell ins Negative. Mit ein paar Kniffen können wir das Grübeln aber in den Griff bekommen.

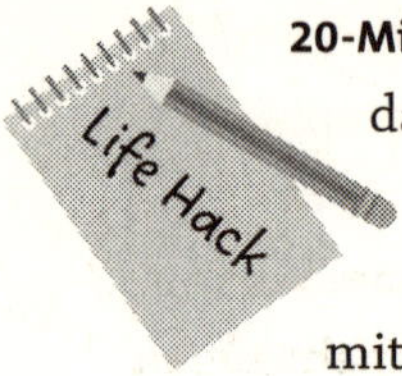

20-Minuten-Grübeln. Geht mitten am Tag das Gedankenkarussell an, dann schreib dir das Thema auf einen Zettel oder mach dir eine Notiz im Handy. Du kannst dich später damit beschäftigen.

Erst am Nachmittag oder Abend (nur nicht zu nah am Schlafengehen) nimmst du dir ganz bewusst 20 Minuten und denkst über das notierte Problem nach. Stell dir einen Timer. Nach den 20 Minuten ist Schluss mit Gedankenkreisen.

Der Kniff daran: Lassen wir ein scheinbar drängendes Thema erst einmal ein wenig ruhen, dann erscheint es uns später oftmals schon nicht mehr so wichtig oder belastend. Zugleich gehen wir nicht mehr so aufgewühlt an die Sache heran.

Ist es doch ein harter Knochen, leg ihn trotzdem nach 20 Minuten zur Seite.

Vielleicht hilft es aber auch, das Problem aktiv zu lösen. Mehr dazu auf Seite 208.

Falls dich die 20 Minuten doch traurig, wütend oder ärgerlich gemacht haben, tu dir danach Gutes. Versuche bewusst die Stimmung zu heben und dich mit etwas Schönem abzulenken.

Feel it! Lenke deine Gefühle

Was wir empfinden, hängt von vielen Dingen ab, zum Beispiel der Situation, in der du bist:

- Schule oder Sportverein

- allein oder mit Freunden
- am Relaxen oder während einer Klausur

Ein gewisses Temperament ist uns allen angeboren. Von Geburt an neigen wir zu manchen Empfindungen mehr als zu anderen, wir fühlen vielleicht intensiver als Gleichaltrige, oder eben weniger intensiv.

Darüber hinaus gibt es aber noch sehr viel mehr Dinge, die beeinflussen, wie wir drauf sind. Ein paar Beispiele:

Essen. Hunger macht grummelig. Im Englischen gibt es sogar einen Begriff dafür: Jemand wird dann als *hangry* bezeichnet, also eine Mischung aus *hungry* und *angry*, hungrig und ärgerlich.

Schlaf. Ausgeschlafen sind wir topfit und uns kann nichts so schnell aus der Ruhe bringen. Übermüdet fühlen wir uns antriebslos, werden schnell ärgerlich oder neigen gar zu Tränen.

Wetter. Regen, Kälte, Hitze lösen oft weniger gute Gefühle aus. Regen verbinden wir mit Traurigkeit. Deshalb regnet es in Filmen auch fast immer, wenn zwei Menschen sich trennen. Hitze macht nachweislich aggressiver. Sowohl Kälte als auch Hitze sind für unseren Körper eine Herausforderung und daher Stress pur.

Musik. Schnelle Elektromusik putscht auf, Balladen machen rührselig und der typische Popsong aus dem Radio hebt meist die Stimmung. Verbinden wir mit Songs Erinnerungen, löst das auch Gefühle aus.

Bilder. Fotos oder Videos aus dem Krieg machen Angst,

wütend oder erdrücken. Aufnahmen von schönen Stränden, tiefgrünen Wäldern, Berglandschaften und auch von putzigen Tieren bewirken das Gegenteil.

Gerüche. Nach der Schule im Bus, wenn alle schwitzen und nach Arbeit und Stress riechen, kann das Ekel auslösen oder unzufrieden machen. Riechen wir daheim frisch gebackenen Kuchen oder unser Leibgericht, steigt die Stimmung gleich deutlich.

Gedanken. Du hast eben schon erfahren: Positive Gedanken heben die Stimmung, negative Gedanken ziehen herunter. Gute Stimmung wiederum löst auch schöne Gedanken aus, während miese Laune eher negative Gedanken an die Oberfläche befördert. Denken und Fühlen hängen eng zusammen.

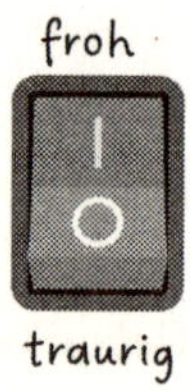

Gelassen mit der Gefühlsachterbahn fahren

Unsere Gefühle wechseln ständig, manchmal von einer auf die andere Sekunde. Gerade noch gut drauf, und dann kommt die Physiklehrerin rein und schreibt einen unangekündigten Test. Mist! Die meisten sind dann erschrocken, vielleicht unsicher oder ängstlich, andere verärgert. Ohne Ankündigung! WTF!

Alle Gefühle in dem Moment sind in Ordnung – solange sie dich nicht davon abhalten, den Test mitzuschreiben.

Würden wir in der Situation noch reagieren wie ein 2-jähriges Kind, dann würden wir uns bockig auf den Boden werfen – und nichts zu Papier bekommen. Wir lernen mit den Jahren unsere Gefühle zu regulieren, sie zu händeln. Sie überwältigen uns nicht mehr. Viele dieser angemesseneren Taktiken entfalten sich erst in der Jugend so richtig.

Was Menschen alles machen, um zum Beispiel Stress oder Ärger zu regulieren, ist aber leider nicht immer sinnvoll. Hier drei Kategorien:

1. Strategien, die nicht hilfreich und ungesund sind
- Alkohol trinken
- Drogen nehmen
- Mit dem Auto rasen

Diese Strategien lösen das eigentliche Problem nicht, sie schaffen eher neue, zum Beispiel eine Sucht, Strafanzeigen oder Unfälle.

2. Nicht hilfreich, aber mal in Ordnung
- Schokolade essen
- Serien bingen
- Shoppen gehen
- Computer spielen

Diese Strategien sind ab und zu okay, weil sie niemandem richtig schaden und kurzfristig auch mal guttun. Aber auf lange Sicht sind sie keine gesunde Methode, um Gefühle zu managen. Wut, Ärger oder Trauer stets mit Essen zu stillen, kann in eine Essstörung führen. Serien und Computerspiele lenken ab, aber aufgearbeitet ist damit nichts. Etwas kaufen beschert uns ein High, aber langfristig ist das eine kostspielige Methode, die ebenfalls keine Probleme löst.

3. Gesund und effektiv

- Sport
- Tagebuch schreiben
- Mit jemandem telefonieren oder chatten
- Ein klärendes Gespräch nach einem Konflikt

Um Dampf abzulassen, ist Sport geeignet. Dabei bauen wir Stress ab, intensive Gefühle werden oft durch sportliche Bewegung gemildert.

In Gesprächen mit anderen oder wenn wir Tagebuch schreiben, durchdenken wir die Situation noch mal. Das ermöglicht uns auch, Konsequenzen aus dem Geschehenen zu ziehen und dazuzulernen.

Wichtig ist, dass es dabei weniger um das Wieso, Weshalb und Warum geht, sondern eher um die Frage: Was hat mich aufgeregt und wie will ich damit künftig umgehen? Oder: Wie kann ich solche Situationen in Zukunft vermeiden?

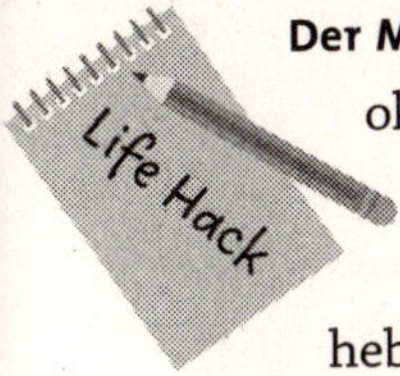

Der Mood-Booster. Du bist schlecht drauf. Das ist okay. Aber du möchtest gar nicht so übellaunig sein. Finde raus, was dich froh macht, worüber du lachen kannst, was deine Stimmung hebt. Das können Klitzekleinigkeiten sein.
Sind es **Katzenvideos**? Dann zieh dir fünf Minuten lang die Fellknäule bei Youtube rein. Aber nicht länger.
Ist es ein bestimmtes **Lied**? Dann hör es. Vielleicht sogar zwei- oder dreimal.
Ist es die **Sonne**? Wenn sie gerade scheint, dann stell dich bewusst in ihr Licht, mach die Augen zu und genieße.
Magst du ein bestimmtes **Parfüm**? Dann sprüh es in die Luft und schnupper einfach.

Jugendliche neigen eher dazu, aus dem Bauch heraus zu reagieren. Das ist erst mal etwas Gutes. Es ist authentisch, ehrlich und eigentlich auch gesund, unsere Gefühle nicht herunterzuschlucken. Aber es ist manchmal auch hinderlich, wenn die eigenen Empfindungen alles diktieren.

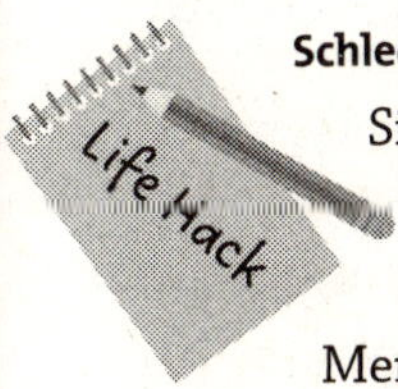

Schlechte Laune begrüßen. Alle Gefühle haben einen Sinn. Ein australischer Forscher hat in einer Übersichtsstudie aufgelistet, wieso es gut ist, auch mal übel gelaunt zu sein. Wenn Menschen grummelig sind, dann

- erinnern sie sich besser an Dinge
- sind sie weniger leichtgläubig und schwerer hinters Licht zu führen

- verfolgen sie strebsamer eine Aufgabe
- verhalten sie sich höflicher
- haben sie weniger Vorurteile

Je nach Laune denken und handeln Menschen also anders. Das hat auch sein Gutes: Wir brauchen uns also bei schlechter Stimmung nicht in unser Kämmerchen verkriechen. Das sind vielleicht sogar besonders gute Tage für eine Klausur.

In der Schule, zu Hause oder im Freundeskreis kannst du damit aber auch anecken, wenn du deinen Gefühlen mit voller Kraft freien Lauf lässt, vor allem bei den negativen. Das führt schnell zu unschönen Spitznamen, #heulboje, #schreihals, #zicke. Was kannst du also tun, damit die Gefühle nicht immer die Oberhand gewinnen?

Eines vorweg: Die eigenen Gefühle komplett zu kontrollieren, das geht nicht. Es ist auch nicht gesund. Aber was wir empfinden, können wir lenken, zum Beispiel, wie intensiv das Gefühl ist. Wir können üben, angemessen auf unser Fühlen zu reagieren. Folgende Strategien können dabei helfen.

Gefühle erkennen

Beobachte dich mal ein paar Tage lang selbst: Welche Gefühle hast du in welchen Situationen? Versuche zu benennen, was du fühlst. Bist du angespannt? Dann steckt dahinter vielleicht Ärger oder Angst. Du fühlst dich schlecht? Dann versuche herauszufinden, was dahintersteckt. Bist du traurig oder enttäuscht? Macht dich etwas wütend?

Schlägt dir das Herz bis zum Halse, wenn du im Sportunterricht über den Bock springen musst? Ist das Nervosität? Angst? Scham, weil du es nicht so gut kannst? Vielleicht aber auch große Vorfreude, weil das deine Lieblingsdisziplin ist? Finde es einfach nur heraus, ohne es als gut oder schlecht zu bewerten.

Jetzt wo du deine Gefühle im Blick hast, versuch den nächsten Schritt. Beobachte dich: Wie gehst du damit um, was du empfindest? Was genau tust du?

- Hast du versucht, niemandem zu zeigen, wie es dir geht?
- Hast du gegrübelt?
- Hast du versucht, das Gefühl wegzudrücken?
- Hast du versucht, dich davon abzulenken?
- Hast du Dampf abgelassen?
- Hast du versucht, das Problem zu lösen, das dein ungutes Gefühl ausgelöst hat?
- Hast du mit jemandem über deine Gefühle gesprochen?

Das sind alles normale Reaktionen auf Gefühle. Alle sind in Ordnung, aber es kommt auf die Mischung an. Wer sich von Gefühlen immer nur ablenkt, lernt nicht aus ihnen. Wer sie immer wegdrückt, wird irgendwann platzen und umso heftiger alles herauslassen. Auch Grübeln löst die Probleme nicht.

STOP

Rote Linie Sollten deine Gefühle stets sehr heftig sein und hast du deshalb vielleicht auch schon öfter Probleme gehabt, etwa mit deinen Eltern, den Lehrern, im Freundeskreis oder im Sportverein, dann kann es vielleicht sinnvoll sein, sich professionelle Hilfe zu holen.

Über sich und seine Gefühle zu sprechen und vielleicht sogar das Problem zu lösen, geht zwar nicht in jeder Lebenslage, aber es tut gut. Auf lange Sicht hilft es, mit schwierigen Situationen besser umzugehen. Denn: Die meisten Gefühle haben einen tieferen Sinn. Sie sind nicht ohne Grund da. Auf sie zu hören, ist sinnvoll.

Manchmal entspringen Gefühle aber auch einfach einem Gedanken von dir. Dann ist es gut, das erkennen zu können, tief durchzuatmen und weiterzugehen.

Life Hack

Innenansicht. Negative Gefühle sind oft der Motor für Veränderung. Wenn du deine Gefühle erkennen und benennen kannst, dann kannst du auch besser auf sie reagieren. Horch ab und zu mal in dich hinein, was du fühlst – und frag dich, woher das Gefühl kommt. Das kann dir aufzeigen, wo ein Problem liegen könnte – und das kannst du eventuell angehen.

Bist du wütend und erkennst das auch, dann fällt es dir leichter, nicht überhitzt zu reagieren, sondern kurz durchzuatmen und besonnener zu handeln.
Wenn du Angst hast, kannst du herausfinden, was genau dich ängstigt. Das wiederum ermöglicht dir, dich deiner Angst zu stellen oder künftig Momente zu meiden, die dich so fühlen lassen.

Ein frischer Blick auf die Lage

Du hast deiner Freundin eine lange Sprachnachricht geschickt und sie reagiert seit drei Stunden nicht. Du denkst jetzt vielleicht: »Sie hat keinen Bock, mir zu antworten.« Was macht das mit dir? Es ärgert dich.

Du könntest aber auch versuchen, die Lage anders zu betrachten. Du könntest denken:

- Meine Freundin hat vielleicht gerade viel zu tun und will mir nicht nur kurz zwischendurch antworten, sondern ausführlich.
- Drei Stunden sind ja noch nicht viel Zeit.
- Möglicherweise ist ihr Akku alle und sie hat meine Nachricht noch gar nicht bekommen.
- Ihr Guthaben ist aufgebraucht, sie kann gar nicht antworten.
- Sie hat vielleicht ihr Handy zu Hause vergessen oder verloren.

Wie würde es dir mit diesen Alternativen gehen? Du wärst sicherlich nicht so verärgert. Eventuell hättest du Mitleid. Du würdest nicht an ihrem Interesse an dir zweifeln, sondern entspannt abwarten.

Kurzum: Wie du die Situation einschätzt, verändert, wie du dich fühlst.

Immer wenn du in einer Situation bist, die dich zum Beispiel traurig oder ärgerlich macht, überleg dir zwei weitere Einschätzungen der Lage. Wie könntest du noch auf die Situation blicken?

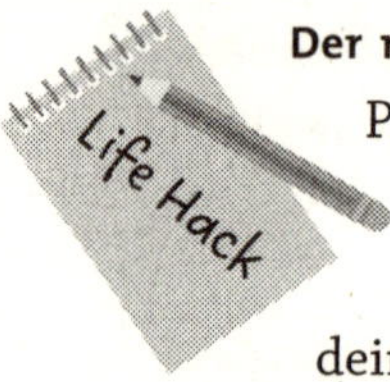

Der neutrale Unbekannte. Manchmal hilft es, die Perspektive zu wechseln und die Situation als außenstehende Person zu betrachten. Ein Beispiel: Du bist drauf und dran, dich mit deiner Mutter übers Taschengeld zu streiten. Du sagst: »Es ist zu wenig.« Sie sagt: »Mehr gibt es nicht.« Du kochst innerlich.

Bevor du reagierst, frag dich mal, wie jemand anderes die Situation bewerten würde, der ganz neutral draufblickt. Was würde die Person dazu sagen?

Eventuell kam deine Frage nach mehr Taschengeld im falschen Moment. Deine Mutter hatte einen schlimmen Tag auf der Arbeit.

Oder sie hat gerade vor eurem Streit eine hohe Rechnung erhalten. Da sitzt das Geld nicht so locker.

Vielleicht würde die Person dir dazu raten, mal zu schauen, wofür du dein Geld ausgibst und ob du irgendwo sparen kannst.

Oder die Person sagt, dass deine Mutter eventuell einfach nicht genug Geld hat, um dein Taschengeld aufzustocken.
Es kann auch sein, dass deine Eltern untereinander eine feste Abmachung haben und nicht davon abweichen.
Was hast du von all den alternativen Gedanken? Sie können deine Gefühle lenken und ihnen die Spitze nehmen. Du hast mehr Verständnis für dein Gegenüber. Gleichzeitig eröffnen sich vielleicht dadurch andere Wege, wie du auf etwas reagieren kannst. Du hast mehr Verständnis für die Reaktion deiner Mutter – und es knallt zwischen euch nicht so leicht. Oder du bist geduldiger mit deiner Freundin. Und du bist nicht so verunsichert.
Probiere aus, was für dich passt. Übe dich darin, deine Gefühle zu managen. Aber hab nicht den Anspruch, alles vollkommen im Griff zu haben. Das ist nicht realistisch und auch unnötig. Wir sind Menschen, und die haben halt Gefühle, manchmal eben auch sehr starke.

Manche Jugendliche erleben ihre Gefühle besonders intensiv. Wenn sie traurig oder angespannt sind oder sich über etwas ärgern, dann haben sie das innere Empfinden, als würden sie gleich platzen. In ihnen brodelt ein Vulkan. Sie verspüren den Drang, all den Gefühlen einen ganz heftigen Reiz entgegensetzen zu wollen. Manche verletzen sich dann selbst. Damit wollen sie Dampf ablassen. Mehr dazu in Kapitel 4.

STOP

Rote Linie Wenn du das von dir kennst und dich selbst verletzt, dann sprich mit jemanden darüber und lass dir von jemandem helfen, der sich damit auskennt, etwa von einer Psychotherapeutin oder einem Sozialarbeiter an der Schule. Es ist nichts, wofür du dich schämen musst.

Mach's einfach! Tu dir Gutes

Wie wir die Welt wahrnehmen, was wir denken und fühlen – und was wir tun –, hängt eng miteinander zusammen. Viele der aufgeführten Verhaltenstipps wirken sich gleichzeitig positiv auf Gefühle *und* Gedanken aus oder können den Blick auf die Welt verändern. Sie alle sind nachweislich gut für die psychische Gesundheit. Sie sind hilfreich, um mental im Gleichgewicht zu bleiben, und sie können helfen, uns wieder aufzurichten, wenn wir aus der Balance gekommen sind.

Lösungen für Probleme finden

Probleme gehören zum Leben dazu. Jeder hat welche. Manche sind klein, manche sind größer. Ein paar typische Beispiele, die du vielleicht kennst:

- Du hast schlechte Noten in Deutsch und Französisch.
- Eine Chatgruppe stresst dich.
- Du möchtest mehr Sport machen, weißt aber nicht wie.

- Du hast das Gefühl, zu wenig Zeit für dich zu haben.
- Du streitest häufig mit deiner Schwester.
- Du möchtest nur noch vegetarisch essen, aber weißt nicht, wie du das deinen Eltern erklären sollst.
- Du bist unglücklich verliebt.

Wie wir mit unseren Problemen umgehen, ist entscheidend dafür, wie es uns geht.

Was oft passiert: Wir haben ein Problem, und wir zergrübeln es. Wieso, weshalb, warum. Am Ende haben wir doch keine Lösung. Und sind mies drauf.

Deshalb hilft es, Probleme wirklich bei der Wurzel zu packen und zu lösen.

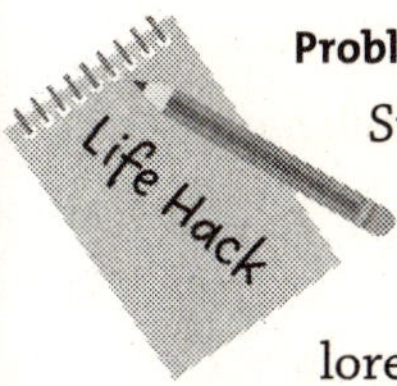

Probleme lösen in 5 Schritten. Nimm dir Zettel und Stift oder mach dir Notizen in deinem Handy. Versuche, nicht alles im Kopf zu machen! Dabei gehen hilfreiche Ideen leichter verloren.

1. Das Problem erkennen

Was genau ist das Problem? Wann tritt es immer auf? Ist es wirklich ein Problem, oder sind es mehrere kleine? Schau es dir ganz genau an.

Ein Beispiel: Du kannst abends nicht einschlafen, weil dir oft im Bett die Chats vom Tag wieder und wieder durch den Kopf gehen – vor allem gemeine Kommentare.

2. Ein Ziel festlegen

Was müsste sich ändern, damit dich die Situation weniger stresst? Was würdest du dir wünschen? Finde heraus, was du willst. Erst dann kannst du wirklich nach einer Lösung suchen.

Unser Beispiel: Du willst nicht das Ziel von Ausgrenzung sein. Und du willst abends ohne Ärger im Bauch einschlafen.

3. Einen Lösungsweg überlegen

Was würde die Situation verbessern? Schreib einfach alles auf, was dir dazu durch den Kopf geht. Das können auch Ideen sein, die du zuerst für unsinnig hältst. Manchmal führen diese Einfälle zu einer richtig guten Lösung.

Beispielideen: Du könntest abends keine Chat-Nachrichten mehr lesen. Du könntest aus unerfreulichen Chatgruppen aussteigen. Du könntest Urheber*innen der miesen Kommentare darauf ansprechen, dass ihre Worte dich verletzen.

4. Den Lösungsweg gehen

Du hast jetzt ein Blatt voller Ideen. Überleg dir zu jeder Idee, was sie bewirken würde. Welche Vorteile hat jede Lösung, welche Nachteile? Ist sie wirklich hilfreich? Kommst du mit der Lösung dem näher, was du möchtest?

Wenn du alle Optionen durchleuchtet hast, wähle eine aus und überleg dir genau, wie du sie angehen kannst.

Ein Beispiel: Du ziehst dich aus einem der Chats zurück.

5. Dranbleiben

Hat deine Lösungsidee funktioniert, dann ist das Problem erledigt. War es nicht erfolgreich, dann schau noch mal auf deine Notizen und wähle einen anderen Weg aus. Vielleicht hast du auch das Gefühl, dass das Problem zu groß ist. Dann such dir Unterstützung.

Hören zum Beispiel die Gemeinheiten nicht auf oder halten dich abends trotzdem wach, hol dir Rat bei jemandem. Das können deine Eltern sein, ein Vertrauenslehrer, vielleicht auch eine Beratungsstelle, die sich mit Mobbing oder Hetze im Internet auskennt.

Sport: Bring dich in Schwung

Was soll mir Laufen bringen, wenn ich schlecht drauf bin? Wieso soll ich Yoga machen, um mich mental stärker zu fühlen? Was kann Gewichte heben schon für meine Seele tun?

Die Antwort ist einfach: Körper und Seele arbeiten im Team. Was wir unserem Körper Gutes tun, wirkt sich auch immer auf unser psychisches Wohlbefinden aus. Deshalb sind Sport oder Bewegung generell Seelenstreichler.

Studien haben gezeigt: Jugendliche, die regelmäßig Sport treiben, egal ob allein oder im Verein, in Form von Kräftigung oder Ausdauersport, haben weniger psychische

Beschwerden. Mehr noch: Schülerinnen und Schüler mit mentalen Problemen können durch Bewegung eine Depression oder Ängste abmildern. Sie fühlen sich zudem weniger gestresst im Alltag.

Was da genau im Körper passiert und weshalb Bewegung der Seele guttut, das ist noch nicht abschließend erforscht. Aber ein paar Dinge sind bereits gesichert:

- Sport setzt Hormone frei, die wir auch als Glückshormone kennen. Sie machen gute Laune.
- Sport regt einen Botenstoff an, der Angstgefühle hemmt. Deshalb sind wir nach Bewegung furchtloser.
- Sport senkt die Menge an Stresshormonen im Körper. Das baut die Anspannung vom Tag ab.

Ob Rennen, Schwimmen, Radeln oder Kraftsport: Bewegung macht auch etwas mit dem Denken und Fühlen. Intensive Bewegung kann von nervigen Gedanken und Alltagsstress ablenken. Der Kopf hat vor lauter Schweiß und schwerer Atmung keine Zeit, weiter zu grübeln. Mit den Armen 40 Kilogramm zu stemmen oder einen Dauerlauf von 30 Minuten zu absolvieren, stärkt außerdem das eigene Selbstwertgefühl. Den inneren Schweinehund zu überwinden, beschwingt.

Zusätzlich gibt dir der Sport auch ein Gefühl von Kontrolle über dich und deinen Körper. Du hast etwas in der Hand, nämlich die eigene Fitness. Wenn du Sport machst, erfährst du also, dass du etwas bewirken kannst: durch Übung, durch Aktivität. Und: Du tust etwas nur für dich.

Wenn du zudem in einer Gruppe mit anderen aktiv bist, hast du Gleichgesinnte um dich herum, vielleicht auch Freundinnen und Freunde. Das tut ebenfalls gut – und stärkt die Seele.

Aber: Es muss nicht besonders viel, besonders lang, besonders intensiv und besonders professionell sein. Alles Extreme hat nichts mehr mit wohltuender Bewegung zu tun. Körperliche Aktivität tut der Seele gut, wenn

- sie Spaß macht,
- sie fordert, aber nicht überfordert,
- du dir dabei nicht wehtust,
- du dich damit wohlfühlst.

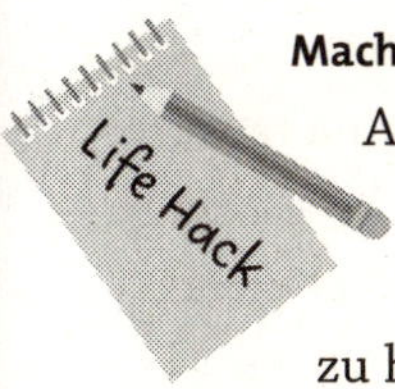

Mach mal piano. Weniger ist mehr, vor allem am Anfang. Wer bisher noch nie Sport außerhalb vom Schulunterricht gemacht hat, sollte sich kleine Schritte vornehmen. Wenn du zu hart einsteigst, kann es sein, dass du schnell die Freude an der Bewegung verlierst. Denn die Folge wäre schmerzender Muskelkater – und wahrscheinlich kannst du mit deinen eigenen Erwartungen noch nicht mithalten. Das kann sehr demotivieren.

Probier dich aus. Nicht jeder mag jeden Sport und jede Art von Bewegung. Sportvereine, Sportstudios und Volkshochschulen bieten eine Vielzahl von Kursen und Trainingsgruppen an. Auf Youtube findest du Anleitungen für Yoga oder Workouts wie High-Intensity-Intervallprogramme. Apps können beim Einstieg in ein Lauf- oder Schwimmtraining unterstützen.

Oder du gehst mit Freunden mal auf einen öffentlichen Basketballplatz zum Körbewerfen, oder mit Schläger und Ball zu den Tischtennisplatten auf dem Hof, ihr spielt gemeinsam Frisbee im Park oder nutzt einen der Outdoor-Fitness-Courts in den Städten.

Bewegung für Sportmuffel. Schweißtreibender Sport ist nicht so deins, aber du willst wenigstens ein bisschen Bewegung in deinen Alltag einbauen? Dann versuch es mal hiermit:

- Nimm die Treppen, statt einen Fahrstuhl oder Rolltreppen zu benutzen.
- Gehe kurze Wege zu Fuß, statt auf Bahn und Bus zu setzen.
- Steig auf dem Heimweg eine Station früher aus und lauf den Rest nach Hause.
- Fahr ab und zu Strecken mit dem Fahrrad.
- Vielleicht kannst du einer Nachbarin anbieten, einmal pro Woche mit ihrem Hund Gassi zu gehen.
- Nutze einen Schrittzähler und versuche, jeden Tag ein paar mehr Schritte zu gehen. Es müssen nicht immer gleich 10 000 sein. Jeder Schritt mehr tut gut.

Schlaf: Gute Nacht, guter Morgen

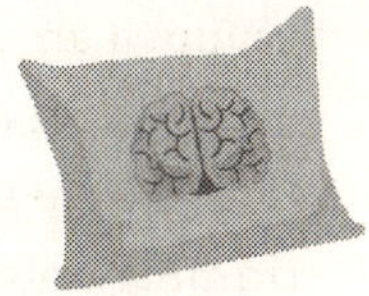

Wer schläft, verpasst etwas. Das denken schon kleine Kinder und wollen nicht ins Bett. Selbst viele Erwachsene haben Probleme damit, rechtzeitig schlafen zu gehen, weil sie nicht wollen, dass der Tag schon endet. Sicherlich kennst du das auch. Die Nachtruhe aufzuschieben ist ein häufiges Phänomen, aber leider auch ein ungesundes.

Warum schlafen wir überhaupt? Unser Körper muss sich erholen. In jungen Jahren benötigt er sogar besonders viel Nachtruhe, um weiter wachsen zu können und alles zu verarbeiten, was am Tag neu dazukam. Das alles wird quasi sortiert, gelöscht oder abgeheftet. Indem wir ein paar Stunden pro Nacht abschalten, tanken wir außerdem Energie. So können wir morgens wieder frisch starten. Zu wenig Schlaf bewirkt das Gegenteil: Wir sind unausgeruht und matt.

Zeichen dafür, dass du zu wenig schläfst:

- Du bist den ganzen Tag müde.
- Du hast wenig Lust, dich zu bewegen.
- Du hast oft Heißhunger.
- Du kannst dich schwer konzentrieren.
- Du schläfst in Bus oder Bahn ein.

Auf Dauer kann das zu Problemen führen. Wer ständig zu wenig schläft,

- isst mehr,
- bewegt sich weniger,

- lernt schlechter,
- vergisst eher etwas,
- ist eher aufbrausend,
- öfter mies gelaunt,
- streitet eher,
- fühlt sich schnell erschöpft.

Schlafforscherinnen und -forscher haben ermittelt, wie viele Stunden Nachtruhe notwendig sind, um am Morgen ausgeschlafen zu sein. Jugendliche zwischen 13 und 17 Jahren benötigen demnach 8 bis 10 Stunden Schlaf. Das kollidiert aber oft mit der Realität. Die meisten Jugendlichen haben nämlich einen inneren Schlafrhythmus, der in der Wissenschaft als Biorhythmus der »Eulen« bezeichnet wird: Sie sind abends lange wach und fit, dafür aber Langschläfer. Doch die Schule fängt meist um 8 Uhr an.

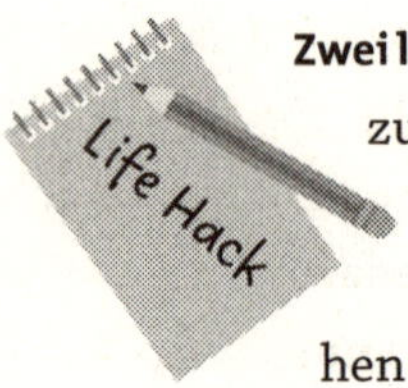

Zwei lange Nächte. Um 21 Uhr im Bett zu liegen und zu schlafen, ist für viele schlichtweg undenkbar. Es ist einfach zu früh. Aber zweimal in der Woche bewusst früh schlafen zu gehen kann auch schon viel bewirken. Zwei lange Nächte gleichen die anderen kurzen Nächte ein wenig aus und helfen, fitter durch die Woche zu kommen.

Wichtig ist aber nicht nur *ausreichend* zu schlafen, sondern auch *gut*. Es gibt ein paar Kniffe, die es einfacher machen, abends zur Ruhe zu finden.

Luft. Lüfte dein Zimmer, bevor du zu Bett gehst. Am besten schlafen wir bei 16–18 Grad Zimmertemperatur – und frischer Luft mit viel Sauerstoff.

Dunkelheit. Schalte in den 15–30 Minuten vor dem Schlafengehen helle Lampen im Zimmer aus, dimme die Beleuchtung. Vielleicht hast du Vorhänge, um das Licht von Straßenlaternen oder im Sommer das restliche Tageslicht abzuschirmen. So kann sich der Kopf besser auf die Nacht einstimmen. Auch hilfreich ist es, Handy, Tablets und andere Bildschirme aus dem Bett zu verbannen. Das Licht der Geräte macht wach, selbst im Nachtmodus.

Ruhe. In der Stunde bevor du ins Bett gehst, solltest du keine körperlich anstrengenden Dinge mehr unternehmen. Sport oder Aufräumen machen eher wach. Der Körper braucht dann länger, um wieder herunterzufahren.

Routinen. Schon bei ganz kleinen Babys hilft es, jeden Abend die gleichen Handlungen durchzuführen, bevor es ins Bett geht. Das tut in jedem Alter gut. Finde eigene Rituale vor dem Schlafengehen, mit denen du jeden Tag auf gleiche Weise den Tag ausklingen lässt. Tasche für den nächsten Tag packen, Klamotten rauslegen, duschen, eincremen, Zähne putzen, allen Familienmitgliedern Gute Nacht sagen, Licht dimmen, entspannte Musik anmachen, ein paar Seiten lesen oder Podcast hören. Licht aus.

Gemütlichkeit. Dein Bett sollte ein Ort sein, wo du dich wohlfühlst und den du bequem findest. Er sollte aber auch ausschließlich fürs Schlafen da sein. Hausaufgaben, Zocken oder Chatten am Handy gehören nicht hierher. Der Kopf verknüpft sonst das Bett mit diesen Aktivitäten, dabei soll es ja der Platz für Ruhe und Abschalten sein. Lesen (möglichst nicht über Mord und Totschlag) oder Entspannungsübungen sind dagegen kein Problem.

Gelassenheit. Nicht jede Nacht ist erholsam, nicht jeden Abend können wir gut einschlafen, nicht immer schlafen wir durch. Das ist normal und nicht weiter besorgniserregend. Angespannt mit dem Gefühl »Ich muss jetzt ganz schnell und dringend schlafen« im Bett zu liegen, bewirkt meist das Gegenteil.

STOP

Rote Linie Wenn du über längere Zeit abends nicht einschlafen kannst oder nachts wach liegst, du dich am Tag sehr unausgeruht fühlst und dich die schlaflosen Nächte belasten, dann bitte jemanden um Hilfe. Das kann die Hausärztin sein, die Eltern oder jemand bei einer Beratungsstelle.

Ernährung: Guten Appetit!

Was hat meine mentale Gesundheit mit dem zu tun, was ich esse? Tatsächlich überraschend viel. Die Psyche isst mit. Keine Mahlzeit ohne sie. Ein paar Beispiele:

Sinneserfahrung. Ob Butterbrot oder New York Cheesecake: Nicht nur Mund und Magen sind am Essen beteiligt. Wir riechen und schmecken, was sich auf unserem Teller befindet. Unsere Zunge spürt die Textur der Speise. Das kann Gefühle wie Freude oder Ekel auslösen. Geruch und Geschmack holen zudem Erinnerungen hoch, beispielsweise an Omas Küche oder ein Gericht, das du mal im Urlaub gegessen hast.

Natürliche Wohltat. Hunger macht miese Laune. Wenn wir dann etwas zwischen die Zähne bekommen, ist das richtig erleichternd. Im Gehirn herrscht dann Feuerwerk, wie es sonst nur Drogen oder ein ganz krasses Glückserlebnis auslösen können. Dieses schöne Gefühl, wenn der Hunger gestillt wird, möchten wir immer wieder haben – und deshalb essen wir. Ohne diese Connection zwischen Essen und Gefühl würden wir vielleicht nicht überleben.

Gehirnfutter. Wenn wir zu unausgewogen essen, also zu viele Süßigkeiten und Fast Food, dann kann unser Gehirn nicht gut arbeiten. Es fällt uns schwerer, im Unterricht zuzuhören und uns zu konzentrieren. Manche Nahrungsmittel machen richtig müde und schlapp.

Darm und Depression. Forschende vermuten mittlerweile sogar einen Zusammenhang zwischen unserem Darm und unserer psychischen Gesundheit. Die Abermillionen Pilze, Viren und Bakterien im Darm (#mikrobiom) kommunizieren über Botenstoffe mit unserer Schaltzentrale im Gehirn. Studien legen nahe, dass sie sogar auf unsere Denkfähigkeit einwirken und an der Entstehung von Depressionen oder Angsterkrankungen beteiligt sein könnten. Was wir essen, macht also einen Unterschied – nicht nur für unser Hungergefühl, sondern auch für die mentale Balance.

Emotionales Essen. Sind Menschen wütend, traurig oder auch einsam, dann greifen sie schnell mal zur Tafel Schokolade oder einem fettigen Burger. Das überdeckt für kurze Zeit die negativen Gefühle. Schon als Kinder lernen wir: Süßes tröstet. Und tatsächlich lösen Naschwerk und fettige Speisen nachweislich Glücksgefühle in uns aus. Ab und zu ist das völlig unproblematisch. Wer aber stets mit Essen auf ungute Gefühle reagiert, bekommt häufig weitere Probleme. Auf Dauer kann Frustessen zu Übergewicht führen oder in eine Essstörung münden.

Iss doch mal was Gesundes! Ein Satz, den du bestimmt schon x-mal gehört hast. Tatsächlich lohnt es sich aber, das zumindest zu versuchen. Denn auch die Seele profitiert davon.

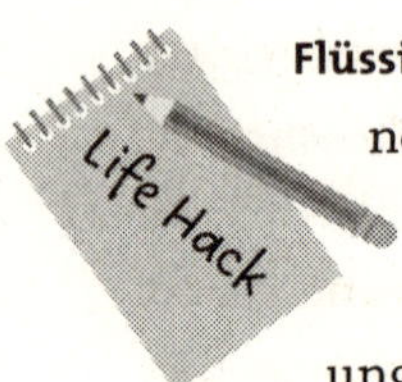

Flüssigkeit tanken. Wie ein Auto, das Benzin benötigt, um fahren zu können, brauchen Menschen und ihr Gehirn Flüssigkeit, und zwar mindestens anderthalb Liter Wasser oder ungesüßte Getränke pro Tag. Erst dann läuft die Maschine im Schädel rund. By the way: Energydrinks machen zwar knallwach, aber liefern nur für kurze Zeit sehr ungesunde Energie. Vor allem machen sie Heißhunger – auf noch mehr Süßes oder Fast Food.

Wenn wir zu wenig trinken, merken wir schnell: Der

Kopf schmerzt, der Mund ist trocken. Wir werden müde. Das Denken läuft nicht so geschmiert wie mit ausreichend Flüssigkeit im Körper. Die Konzentration fehlt.

Was ist das Problem an Kartoffelchips, Currywurst oder Lasagne aus dem Kühlfach? Nun ja: Unser Körper ist schlichtweg nicht darauf ausgelegt, das zu essen, was wir heute im Supermarkt als Fertiggericht finden, was uns beim Bäcker mit dicker Zuckerglasur anlacht oder was uns verlockende Werbung verkaufen möchte.

Den Menschen in seiner heutigen Ausprägung (*Homo sapiens*) gibt es seit etwa 300 000 Jahren. Aber erst seit 50 Jahren gibt es Tiefkühlpizza und Fast-Food-Restaurants. Wie der Körper Nahrung verarbeitet, wie viele Kalorien wir pro Tag brauchen und auch was wir verzehren müssen, um gesund zu bleiben: All das hat sich in den vielen, vielen Jahrtausenden nicht verändert. Auch nicht in den vergangenen 50 Jahren. Die Evolution des Menschen ist nicht so flink. Etwas überspitzt gesagt: Wir leben in Körpern, die frische Beeren aus dem Wald, Kräuter von der Wiese und selbst geschossenes Mammut als optimale Mahlzeiten ansehen. Und zwar in überschaubaren Mengen.

Was wir im Supermarkt bekommen, ist davon manchmal sehr weit entfernt. Speisen wie Fertigpizza, Burger oder Pommes decken mit einer Mahlzeit fast den gesamten Tagesbedarf an Kalorien ab, die ein Mensch benötigt. In der

Folge essen wir oft auf Dauer zu viele Kalorien und nehmen zu. Darunter leiden ab einem bestimmten Punkt Herz, Leber und Gelenke – und natürlich langfristig auch die Psyche. Außerdem fehlen in Fertiggerichten lebenswichtige Vitamine, Mineralstoffe und Spurenelemente, wie Zink, Eisen und dergleichen. All diese Bestandteile braucht der Körper, um gesund zu bleiben. Auch das Gehirn.

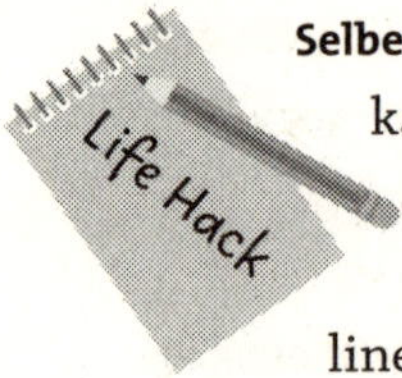

Selber machen. Wer seine Speisen selbst zubereitet, kann bestimmen, was hineinkommt. Gerichte mit viel Obst, Gemüse oder Vollkornprodukten müssen nicht langweilig sein. Online findest du genug Ideen für einen gesunden, aber schmackhaften Burger oder köstliche Pizzen. Der tolle Nebeneffekt: Essen, das wir selbst zubereiten, schmeckt uns besser. Das haben Studien gezeigt. Denn für unseren Kopf macht es einen Unterschied, ob wir mit einem Handgriff eine gefrorene Fertigpizza in den Ofen schieben, oder ob wir einen Teig kneten, ihn ausrollen, eine Tomatensoße anrühren und auf dem Teig verteilen, Gemüse schneiden und drauflegen, Käse drüberstreuen und dann erst backen. Wir schätzen die »eigene« Pizza mehr wert, deshalb essen wir sie auch meist mit mehr Genuss.

Gesunde Ernährung hat nichts mit Kalorienzählen zu tun, sondern mit Abwechslung auf dem Teller. Mal Salat, mal Fleisch, mal Fisch, mal vegetarisch, mal Brot, mal Obstsalat, mal Gemüsesticks …

Dennoch probieren viele schon in jungen Jahren Diäten aus. Die geben oft strenge Regeln vor und verlangen, auf Lebensmittel zu verzichten. Ein Großteil aller Jugendlichen in Deutschland hat schon mal Diät gehalten. Die meisten ohne Erfolg.

Diäten haben mehrere Haken

Sie führen oft zum Gegenteil, nämlich dazu, dass wir zunehmen. Irgendwann werfen die meisten das Handtuch und essen vor Frust alles, was sie sich wochenlang verwehrt haben – vor allem die ganz süßen und fettigen Sachen. Was vielleicht an Kilos verloren ging, sammelt sich nun wieder an. Die Waage zeigt dann manchmal mehr als vorher. Die Folge: noch eine Diät. Ein teuflischer Kreislauf kann einsetzen.

Diäten begünstigen Frustessen. Auf bestimmte Lebensmittel zu verzichten oder weniger zu essen, ist anstrengend. Ständig müssen wir der Versuchung widerstehen. Haben wir dann mal einen richtig üblen Tag in der Schule und sind gestresst, dann fällt es besonders schwer, sich an die Diätregeln zu halten. Zack, haben wir einen Schokoriegel in der Hand. Manchmal reagieren Betroffene dann sogar über und essen besonders viel von den Kalorienbomben. Das Gemeine: Das Gehirn gaukelt uns vor, dass diese dann besonders gut schmecken.

Diäten können in eine Essstörung führen. Bei vielen der Betroffenen fängt es damit an, dass sie abnehmen wollen, gezügelt essen, einzelne Lebensmittel weglassen. Nach und nach rutschten sie dann in immer strengere Essweisen, bis hin zu einer krankhaften Störung, aus der sie nicht mehr herauskommen.

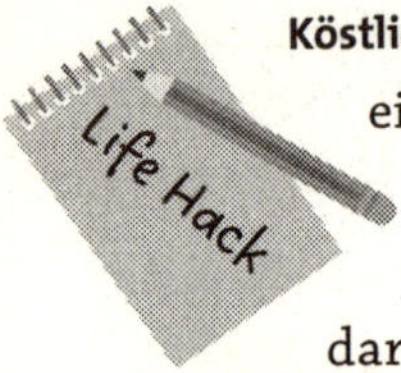

Köstliche Alternative. Du kannst auch weiterhin mal eine Tiefkühlpizza essen oder bei Mäckes einkehren. Strikte Verbote bringen beim Essen wenig. Solange Fertigkost nicht deine Standardmahlzeit ist, kommt dein Körper damit klar.
Viele ungesunde Sachen kannst du aber durch gesündere Alternativen ersetzen. Nicht alle von heut auf morgen, sondern nach und nach.
Du snackst gern? Probiere doch mal ungesalzene Nüsse statt Chips.
Du naschst gern? Versuche getrocknete Früchte statt Gummibärchen. Oder dunkle Schokolade statt Vollmilch.
Manchmal dauert es ein wenig, bis du dich an den anderen Geschmack gewöhnt hast. Aber Menschen sind Gewohnheitstiere. Nach einiger Zeit findest du Pringles unappetitlich und greifst mit Freude zu deinen Cashews. Und es geht dir besser damit.

Entspannung: Relaxen braucht Übung

Manchmal fällt es uns richtig schwer, uns zu entspannen. Da hilft auch kein »Mach dich mal locker!«.

Entspannung ist aber wichtig. Nicht nur abends, sondern auch über Tag brauchen wir Momente zum Durchatmen und Herunterfahren. Manchmal genügen wenige Minuten, dann ist der Akku wieder voll. Selbst Spitzensportlerinnen und Profiathleten nutzen gezielt Entspannungsübungen, um vor einem Wettkampf mit der Aufregung und Anspannung zurechtzukommen.

Das Gute ist: Es gibt eine Vielzahl an Entspannungsverfahren, die jeder lernen kann und für die du nicht viel brauchst: nur dich und einen ruhigen Ort. Die bekanntesten sind:

- Atemübungen
- Autogenes Training
- Meditation
- Progressive Muskelentspannung
- Yoga

Probiere es aus!

Fäuste ballen und lösen

Progressive Muskelentspannung klingt kompliziert, ist aber ganz einfach: Du spannst immer eine Muskelpartie deines Körpers für etwa 10 Sekunden richtig fest an, dann lässt du wieder los.
Setz oder leg dich hin und mach die Augen zu. Balle deine linke Hand zu einer Faust, halte für 10 Sekunden und lös die Muskeln langsam. Lass die Hand ganz schlapp hängen oder liegen. Dann die andere Hand: Faust ballen, halten, lösen.

So kannst du von oben nach unten durch deinen ganzen Körper wandern: Schultern hochziehen, Oberarm spannen, Pobacken zusammenkneifen, Oberschenkel aktivieren, Füße strecken, Zehen krümmen – und nach 10 Sekunden jeweils wieder loslassen und entspannen.

Die meisten Verfahren musst du mehrmals in Ruhe üben, damit sie wirken und richtig entspannen. Am besten geht das mit Anleitung, entweder über einen Podcast, ein Video oder einen Kurs (vor Ort oder online). Ein paar Krankenkassen bieten auch online Anleitungen dafür an.

Seelenwellness: Umgib dich mit Wohltuendem

Der Tag ist voll von Dingen, die auslaugen, und Sachen, die Laune machen. Diese mal zu sortieren, hilft dabei, sich ganz bewusst jeden Tag ein bisschen was Wohltuendes zu gönnen.

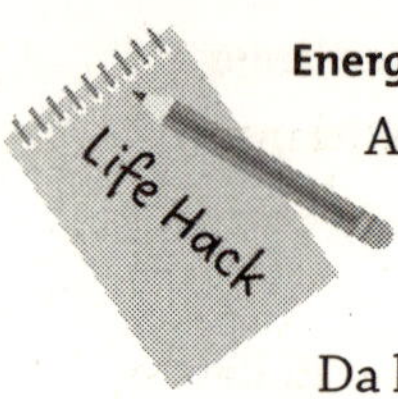

Energiefresser und Powerbank. Schreib zwei Listen. Auf die eine Liste kommen Energiefresser, also Dinge, die dir Kraft rauben und schlechte Laune machen.

Da könnte so was stehen wie:

- Streit mit den Eltern
- manche Chatgruppen
- für eine Klausur lernen
- auf jüngere Geschwister aufpassen

– Geschirrspüler ausräumen

Die zweite Liste ist deine Powerbank, auf die schreibst du alle Dinge, die dir Energie spenden, sich gut anfühlen oder Spaß machen. Je länger die Liste ist, desto besser.

Darauf könnte so was stehen wie:

- Musik hören
- ein Instrument spielen
- ein Mandala ausmalen
- ausgiebig duschen
- schwimmen gehen
- Eis essen
- zur Lieblingsmusik tanzen
- einen lustigen Podcast hören
- Freunde oder Freundinnen treffen
- ein Spaziergang im Grünen
- jemandem ein Kompliment machen
- sich etwas Leckeres zu essen kochen

Manche Energiefresser kannst du nicht vermeiden. Deine Powerbank hingegen hast du selbst in der Hand: Such dir für jeden Tag eine Sache aus – oder immer, wenn du dich K.O. fühlst – und tanke damit Energie auf.

Einige Aktivitäten sind sogar erforscht worden und haben sich als besonders wohltuend für die Seele erwiesen. Sie stehen vielleicht noch nicht auf deiner persönlichen Powerbank-Liste, aber es lohnt sich, sie mal auszuprobieren.

Zum Beispiel:

Ab in die Natur. Wenn wir durch einen Wald gehen, über weite Felder stromern oder an einem Bergsee entlangwandern, dann erfreuen sich daran nicht nur unsere Augen. Wann immer wir in der Natur sind, ist auch eine Abteilung in unserem Gehirn aktiv, die Angst und Stressgefühle steuert. Forschende haben gezeigt, dass Menschen sich in einer Stadt weniger gestresst fühlen, wenn es dort mehr Bäume gibt.

In Experimenten fanden sie zudem heraus, dass Wälder, Felder und Berge das Herz ruhiger schlagen lassen. Aber auch Parks lösen ein Wohlgefühl aus und mildern Grübeleien. Im Grünen fällt das Denken leichter: Teilnehmende einer Studie im Grünen konnten sich leichter auf etwas konzentrieren oder sich Dinge merken. Schon ein grüner Schulhof kann verträglicher machen. Die Studie ergab, dass Schülerinnen und Schüler mit Rasen, Bäumen, Blumen oder Büschen auf dem Schulhof freundlicher miteinander umgingen und sich weniger stritten.

Sei kreativ. Es braucht kein besonderes Talent, um Kunst zu erleben. Schreib ein Gedicht, sing allein auf dem Fahrrad, nähe dir eine Hose oder zeichne abstrakte Formen, töpfere dir eine Tasse. Vielleicht kannst du auch ein Instrument spielen oder willst es lernen. Deine Seele freut sich darüber. Wenn wir künstlerisch tätig sind, schalten unsere Sorgen vorübergehend auf Pause. Wir erschaffen etwas – und seien es schiefe Töne. Wir probieren uns aus, entdecken vielleicht etwas Neues, verbessern etwas, das wir noch nicht so gut können. Kunst und Musik sind seit vielen Jahren in vielen

Kliniken fester Bestandteil der Therapie, wenn es Menschen psychisch nicht gut geht. Musik, Kunst und Tanz setzen in unserem Körper einen Botenstoff frei, der unsere Stimmung hebt.

Gemeinsam statt einsam. Menschen sind Herdentiere. Sie brauchen und wollen andere Menschen um sich. Nicht immer und jederzeit. Aber ganz ohne Kontakt zu anderen gehen sie ein wie eine Blume ohne Wasser. Eine große Umfrage in Deutschland kurz vor der Corona-Pandemie ergab: Junge Menschen unter 20 Jahren fühlen sich fast genauso oft einsam wie Männer und Frauen im Rentenalter.

In Schule und Freizeit begegnen Jugendliche täglich Dutzenden Leuten. Das schützt aber nicht automatisch vor Einsamkeit. Auch mit Tausenden Followern auf Instagram oder einer großen Clique auf dem Schulhof können wir uns einsam fühlen.

Einsamkeit ist aber keine Erkrankung und auch kein Makel. Wir alle erleben dieses Gefühl mal. Oft ist es ein ganz persönliches Empfinden und entspricht gar nicht der Realität. Manchmal ist es eine Sache der Tagesform – und geht vorüber. Wenn wir besonders schlecht gelaunt sind, fühlen wir uns eher allein. Mit guter Stimmung suchen wir hingegen mehr den Anschluss zu anderen und fühlen uns in der Folge auch weniger einsam.

Kehrt das Gefühl öfter wieder, hilft es, wenn wir uns um unsere Beziehungen zu anderen kümmern. Denn Freundschaften fliegen uns nicht zu.

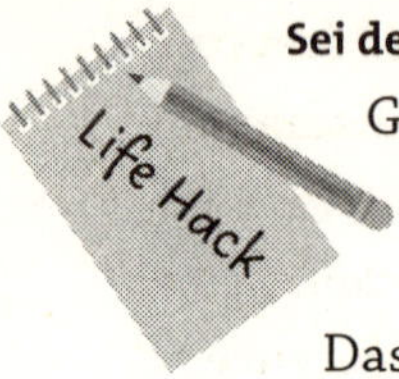

Sei der Nice Guy. Wir halten uns am liebsten in der Gegenwart von Menschen auf, die nett sind. Wenn wir also selber freundlich sind, tummeln sich auch eher Leute um uns herum. Das bedeutet nicht, dass wir künstlich eine Frohnatur spielen sollen und immer ein Lächeln aufsetzen müssen. Trotzdem gibt es im Alltag genug Momente, in denen wir etwas Nettes für andere tun können (zum Beispiel einer alten Dame die Einkäufe nach oben tragen) oder einfach freundlich mit anderen Menschen umgehen können, etwa mit der Kassiererin im Laden.
Add-on: Wenn dir etwas positiv auffällt, dann sag es. Komplimente sind Win-win-Situationen: Die andere Person freut sich, das strahlt zurück, und deine Stimmung hebt sich gleich mit.

Viele Freundschaften entstehen zufällig. Etwa, weil ihr in der Schule nebeneinandersitzt, im gleichen Verein Sport macht oder am Nachmittag dieselbe AG besucht. Damit diese Verbindungen wachsen können und erhalten bleiben, braucht es Einsatz – und der sollte sich nicht wie Arbeit anfühlen. Freundschaften zeichnen sich aus durch:

Vertrauen. Ihr könnt euch Geheimnisse verraten. Persönliches wird nicht weitererzählt. Ihr könnt euch aufeinander verlassen.

Aufmerksamkeit. Ihr hört euch gegenseitig zu, fragt nach, seid interessiert am Leben des anderen. Und ihr merkt, wenn es der anderen Person nicht gut geht.

Beistand. Ihr helft einander, wenn nötig, sei es durch ein offenes Ohr oder praktische Unterstützung. Ihr steht füreinander ein.

Freude. Ihr verbringt gern miteinander Zeit und macht euch gegenseitig gute Laune. Ihr könnt euch gegenseitig aufmuntern.

Wichtig ist, dass du jemanden hast, um dich auszutauschen und auch mal Gefühle und tiefere Gedanken zu teilen. Es braucht nicht fünf BFFs. Eine*r genügt.

Entscheidend ist dabei: Zu einer Freundschaft gehören zwei. Wenn du nur zuhören musst, aber nicht angehört wirst, wenn nur du Verabredungen vorschlägst, ständig irgendwo aushelfen musst, ohne dass die andere Person auch für dich da ist, dann läuft etwas schief. Wer sich über dich lustig macht, über dich herzieht oder dich in gefährliche Situationen bringt, ist ebenfalls ein Fake-Freund. Schau auch mal bei dir selbst: Bringst du dich genauso sehr in eine Freundschaft ein wie der oder die andere?

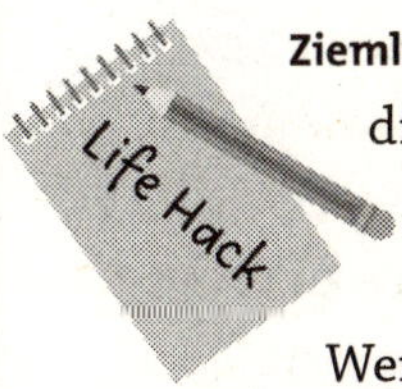

Ziemlich wichtige Menschen. Welche Menschen sind dir wichtig? Schreib es dir auf, ein kleiner Notizzettel oder ein Vermerk im Handy genügen.

Wenn du auf die Liste guckst, frag dich doch mal, wie es den Menschen geht. Und dann ruf eine Person davon an. Schreib eine Nachricht oder besuche sie. Die Fühler auszustrecken ist ein erster Schritt.

Achtung, Optimierungsfalle!

Es gibt unzählige Stellschrauben, an denen du drehen kannst, damit deine mentale Gesundheit besser wird oder erhalten bleibt. Aber auf all diese Dinge zu achten und zu versuchen, sich *korrekt* oder *optimal* zu verhalten, das ist Stress pur. Und damit das Gegenteil von dem, was es bewirken soll.

Forschende beobachten immer öfter, dass vor allem junge Menschen sich unter Druck fühlen. Klar: Instagram, Podcasts und auch dieses Buch sind voll von Tipps für ein gesünderes, besseres Leben. Tu dies! Mach mal das!

Der Versuch, Dinge zu verändern, kann zum Drang werden, sich ständig weiter zu optimieren. Dieser Optimierungseifer wiederum kann seinerseits zur Ursache für mentale Probleme werden. Deshalb ist wichtig, dass du nachsichtig mit dir bist.

Du bist du. Genieße und umarme deine Ecken und Kanten. Sie machen dich aus. Bei all den Vorschlägen geht es nicht darum, dich umzukrempeln, sondern dir Möglichkeiten aufzuzeigen. Alles kann, nichts muss.

Bleib gelassen. Finde ein entspanntes Maß, dir und deiner Seele Gutes zu tun. Wer seine Ernährung verändert, muss nicht immer auf Kuchen verzichten. Heute keinen Bock auf Sport? Total normal und in Ordnung.

Keine Perfektion. Die Vorschläge, die du liest oder hörst, musst du nicht alle gleichzeitig und in Formvollendung umsetzen.

Dein Weg. Such dir heraus, was du für dich passend findest. Probiere aus und ändere deinen Kurs, wenn etwas nicht zu dir passt.

Klein, aber oho. Nimm dir kleine Schritte vor. Und würdige auch kleine Erfolge. Alles, was du für dich tust, ist wertvoll.

Bauchgefühl. Hör auf dich, auf deine Gefühle, Gedanken oder Reaktionen des Körpers. Sie weisen dir den Weg, ob eine Veränderung die passende für dich ist oder nicht.

Selbstfürsorge. Sei nicht zu streng zu dir. Sei nett zu dir selbst. Es geht nicht darum, dich zu optimieren, sondern darum, dass du fürsorglich mit dir bist.

Digitale Tools: Was können Apps & Co?

Online gibt es unzählige Formate, durch die du dich über psychische Gesundheit informieren kannst oder auch konkrete Tools findest, die dir dabei helfen, mental im Lot zu bleiben:

- Apps
- Homepages
- Social-Media-Accounts
- Tutorial-Kanäle
- Podcasts
- Chatbots

Aber: Nicht alle diese Angebote sind wirklich hilfreich. Leider. Vieles ist reine Geldmacherei, persönliche Meinung oder leeres Geschwätz. Ein paar Tipps, um hilfreiche Angebote zu erkennen:

Fachlich fundiert. Stehen hinter den Angeboten Universitäten? Wurden sie also umfassend erforscht und nach hohen Maßstäben entwickelt? Vorsicht: »Forscher*in« oder »Expert*in« kann sich jede*r nennen. Das heißt nicht automatisch, dass er oder sie wirklich Ahnung von einem Thema hat oder weiß, wie eine aussagekräftige Studie aussehen muss.

Vertrauenswürdig. Wenn du dir nicht sicher bist, von wem die Infos auf einer Internetseite sind, klick mal ins Impressum. Da steht, wer für den Inhalt verantwortlich ist. Seriöse Projekte machen zudem auf Infoseiten wie z.B. »Über uns« transparent, wer hinter dem Angebot auf der Seite steht. Universitäten, Krankenkassen oder staatliche Internetseiten zählen zu den seriösen Quellen. Psychotherapeut*innen oder Mediziner*innen sind es in der Regel ebenfalls. Kein automatischer Garant für eine fundierte Ausbildung sind die Bezeichnungen »Heilpraktiker*in für Psychotherapie« sowie »Coach«.

Keine Versprechen. Seriöse Anbieter geben keine 100-Prozent-Versprechen. Sie reden eher davon, dass sich durch eine bestimmte Übung oder Methode etwas verbessern *könnte*. Internetseiten oder Apps, die versprechen, dass etwas besser wird oder du damit *garantiert* gesund wirst, sind meist kritisch zu betrachten.

Weil der Online-Markt gigantisch ist und zugleich sehr schwer zu überblicken, solltest du den Angeboten dort eher mit Skepsis begegnen – egal, ob App, Homepage, Podcast oder Social Media.

Swipe dich gesund? Apps fürs Smartphone

In den App-Stores gibt es mittlerweile mehrere Tausend Apps zum Thema *Mental Health*. Viele sollen dabei helfen, im Lot zu bleiben. Die Bandbreite an Angeboten ist riesig: Gefühle regulieren, weniger Stress im Alltag, besser schlafen, Stimmung tracken. All das ist mit Apps möglich. So scheint es zumindest.

Einerseits ist es toll, dass es so viele Optionen gibt, sich mit der eigenen mentalen Gesundheit auseinanderzusetzen und sich Gutes zu tun. Dabei kann ein Smartphone durchaus helfen. Es erinnert dich an mehr Bewegung, stupst dich zur früheren Schlafzeit an oder ermöglicht dir, mit Apps zu entspannen.

Andererseits haben die Angebote im App-Store aber auch ein paar massive Haken.

Angebote für Ältere. Die große Mehrheit der Apps wurde für Erwachsene entwickelt, nicht für das Leben von Jugendlichen. Übungen und Tipps können zum Teil weit weg von deiner Lebensrealität sein – und deshalb vielleicht nicht hilfreich.

Sicherheit I. Nur sehr wenige der Apps wurden auf Basis von Studien entwickelt. Bei den meisten ist nicht durch wissenschaftliche Studien belegt, ob sie überhaupt wirken. Deshalb kann es sein, dass sie nichts bringen oder gar das Gegenteil bewirken. Fachleute warnen, dass manche Apps tatsächlich schädlich sein können.

Sicherheit II. Die meisten Anbieter haben in ihrer Anwendung keinen Notfallplan vorgesehen. Wenn es jemandem also massiv schlechter geht, egal ob durch die App oder unabhängig davon, erkennen das viele der Programme nicht, und wenn doch, können sie mitunter keine Hilfe anbieten.

Datenkraken. Viele Apps sind kostenlos oder kosten nur ein paar Euros. Dennoch machen die meisten Anbieter mit den Apps viel Geld – und zwar mit den Daten, die User hinterlassen, während sie die App nutzen. Die sind oft nicht geschützt. Wie es dir mental geht, füllt dann eventuell die Geldbörsen von Konzernen.

Manche der psychologischen Apps sind weniger problematisch. Wenn du zum Beispiel eine Option suchst, mit der du meditieren lernen kannst, die bei Atemübungen hilft oder eine andere Entspannungsmethode anleitet, kann das durchaus auch mal eine App sein.

Achte auf den Anbieter und Datenschutzeinstellungen. Ideal sind wissenschaftlich erprobte Anwendungen, die zum Beispiel eine Universität entwickelt hat.

Apps von Krankenkassen. Auch einige Krankenkassen haben gemeinsam mit Universitäten oder renommierten Forschenden Apps entwickelt und bieten sie ihren Versicherten kostenfrei an. Vielleicht auch deine Kasse. Meist kannst du die Angebote einer Krankenkasse auf deren Internetseite nachsehen.

Aber: Diese Digitalen Gesundheitsangebote (DiGA) sind nicht für Jugendliche ausgelegt. Es ist nicht gesichert, ob und wie sie in jüngeren Jahren wirken.

Klick, klick, mental fit? Internetdomains

Autorinnen und Autoren von Lifestyle-Blogs widmen sich immer öfter psychischer Gesundheit. Daneben ploppen unzählige andere Webseiten auf, die schnelle Gesundheit oder gar Heilung versprechen – auch für mentale Leiden.

Viele dieser Seiten enthalten Informationen über psychische Gesundheit, die nicht oder nur teilweise korrekt sind. Deshalb ist es wichtig zu schauen, wer hinter den Informationen steht. Zuverlässige Quellen sind auch hier zum Beispiel Universitäten, Professor*innen, Psychotherapeut*innen, Mediziner*innen oder staatliche Stellen wie Bundesministerien.

Manche Seiten bieten Selbsttests an, die dir aufzeigen sollen, was du für ein Persönlichkeitstyp bist oder ob du krank bist. Solche Tests sind manchmal selbst ausgedacht – und ihre Aussage wenig wert. Das kommt unter anderem bei privaten Lifestyle-Seiten vor. Andere Tests basieren auf Fragebögen, die zwar Wissenschaftler*innen entwickelt haben. Trotzdem können sie nie eine zuverlässige Auskunft geben. Wenn du einen Test machst, um herauszufinden, ob du zum Beispiel ADHS hast oder Depressionen, können Online-Fragebögen nur einen Anhaltspunkt bieten. Wenn du den Verdacht hast, eine Erkrankung zu haben, sollte das ein Psychotherapeut oder Arzt abklären.

Mein Kompass – Ein Wegweiser für Jugendliche zur psychischen Gesundheit
Hier gibt es Infos zu psychischen Problemen sowie Erkrankungen und über Hilfsangebote. Mein Kompass ist ein Projekt der Universität Ulm, das vom Bundesministerium für Bildung und Forschung unterstützt wird.

Wegweiser für Jugendliche zu psychischen Gesundheit
meinkompass.org

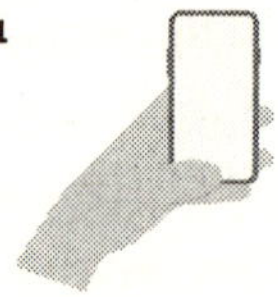

Posts und Reels zum Glück? Soziale Medien

Insta und TikTok sind voll von Leuten, die etwas über psychische Gesundheit erzählen – und vor allem, wie wir mental fit bleiben. Sprüche und Übungen, Erfahrungsberichte und Reels sollen informieren und aufklären. Doch die wenigsten Personen, die auf Social Media über psychische Gesundheit sprechen, haben Fachkenntnisse in diesem Bereich. Das betrifft auch die, die von persönlichen Erfahrungen berichten.

Unglaublich viele Menschen sprechen mittlerweile ganz offen über eigene psychische Probleme. Das ist toll! Aber Achtung: Was sie erzählen, ist nicht allgemeingültig. Sie sind quasi Expertinnen und Experten für das, was sie *selbst* erlebt haben – und was *ihnen* guttut. Das kann anderen Kraft geben und sie inspirieren. Es heißt aber nicht, dass etwas, das einem Content Creator geholfen hat, auch anderen helfen wird.

Wenn ihr einfach nur Menschen sucht, die vielleicht etwas Ähnliches erlebt haben wie ihr, dann sind soziale Medien ein guter Ort, um fündig zu werden. Professionelle Hilfe solltet ihr dort aber nicht erwarten.

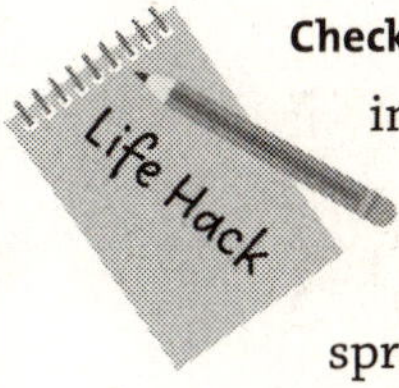

Check das! Seelische Gesundheit geht alle an und interessiert sehr viele Menschen. Deshalb ist dieses Thema leider auch eine Art Goldgrube. Viele selbst ernannte Expert*innen springen auf den Psycho-Zug auf und versuchen, Geld damit zu machen. »Psycho« bringt Klickzahlen. Viele sprechen deshalb darüber, ohne wirklich fundiertes Wissen zu haben. Es ist daher ratsam, sich immer zu fragen, weshalb jemand über psychische Gesundheit spricht und welches andere Ziel vielleicht dahintersteckt (#$$$).
Vorsicht bei Werbung für vermeintliche Heilmittel! (Die meist viel kosten.)

Hör dich gesund? Podcasts

Wie in den sozialen Medien tummeln sich auch im Podcast-Kosmos viele Menschen, die über psychische Gesundheit und Krankheit sprechen. Manche aus ganz persönlicher Perspektive, andere haben Fachwissen. Es ist also alles dabei.

Checkt am besten, wer die Personen sind, die den Podcast moderieren, und wer genau dort zu Gast ist. Dann wisst ihr, was ihr bekommt: fundierte Infos oder eher Erfahrungsberichte.

Aber auch hier gilt: Die meisten Formate richten sich an Erwachsene. Tipps oder Hilfsangebote sind daher nicht immer auch für Jugendliche geeignet oder zugänglich.

Der künstliche Gesprächspartner: Chatbots

Inzwischen gibt es zahlreiche Chatbots, die auch bei seelischen Problemen weiterhelfen sollen. Sie basieren auf Computerprogrammen und simulieren psychologische Gespräche.

Bis zu einem bestimmten Grad können die Tools das auch. Aber:

- Sie ersetzen kein Gespräch mit jemandem vom Fach oder einer vertrauten Person.
- Sie erkennen oftmals nicht, wenn jemand wirklich schwerwiegende Probleme hat oder in einer ernsten Krise steckt.
- Ihre Antworten folgen Algorithmen, nicht einem Mitgefühl. Deshalb können ihre Antworten enttäuschend sein – und die eigene mentale Situation verschlechtern.
- Manche Chatbots sind von Konzernen entwickelt worden, die den Usern etwas verkaufen wollen, ein angebliches Heilmittel zum Beispiel.

Unter 4 Augen. Das persönliche Gespräch mit einem echten Menschen hat Qualitäten, die die heutige Computertechnologie (noch) nicht ersetzen kann.

KAPITEL 6
INNEN AUFRÄUMEN

Wodurch die Psyche heilt

Ein Therapeut ist wie ein Guide. Er kennt die Zeichen, die Wege und Tiefen. Er kann dir helfen, den Schmerz in dir zu finden, ihn und seine Ursachen zu akzeptieren – und zu überwinden
(Steven Gould, Schriftsteller)

Wenn du das Gefühl hast, alles wird dir zu viel
Wenn du das Gefühl hast, du kannst nicht mehr
Wenn du nur noch heulen könntest
Wenn du das Gefühl hast, durchzudrehen
Wenn die Angst dich fertigmacht
Wenn du nicht mehr schläfst
Wenn du denkst, dass du psychisch erkrankt sein könntest

... dann solltest du dir professionelle Hilfe suchen.

Warum ist professionelle Hilfe sinnvoll?

Du hast starke Halsschmerzen. Also gehst du zum Arzt oder zur Ärztin. Du hast hohes Fieber – der ärztliche Notdienst kommt sogar zu dir nach Hause. Du bist niedergeschlagen, seit Wochen, weißt nicht warum. Du tust: nichts.

Genauso läuft es noch immer meist ab. Während wir bei körperlichen Problemen schnell den Weg in die Hausarztpraxis finden, zögern wir bei psychischen Problemen lange, oft zu lange. Im Durchschnitt dauert es mehr als sechs Jahre, bis jemand mit seelischen Leiden sich professionelle Hilfe sucht. Sechs Jahre! Das würde bei Zahnschmerzen keiner mitmachen.

Das Problem: Psychische Erkrankungen wachsen sich selten aus oder gehen vorüber wie ein Schnupfen. Die meisten seelischen Leiden halten an oder kehren immer wieder. Und sie werden mit der Zeit sogar oft schlimmer, wenn sie nicht behandelt werden.

Das hat weitreichende Folgen:

Krankheit bestimmt das Leben. Unbehandelt können viele psychische Störungen einen geregelten Alltag unmöglich machen. Für junge Menschen kann das heißen: keine oder wenig Schulbesuche, kein oder ein schlechterer Schulabschluss, wenig Freundschaften oder andere Kontakte zu Gleichaltrigen. Manche Erkrankungen begünstigen ohne Behandlung kriminelles Verhalten, etwa Süchte. Dies kann das gesamte Leben auf die schiefe Bahn lenken: kein Schulabschluss, keine Ausbildung, kein Beruf oder nur schlecht bezahlte Jobs, Vorstrafen, Einsamkeit.

Die Erkrankung wächst. Werden seelische Leiden über Jahre nicht behandelt, verstärken sie sich oft, breiten sich aus, sie wachsen. Meist sind sie dann bei Therapiebeginn sehr viel schwerer und umfassender als am Anfang. Betroffene sind oft ein Leben lang weniger belastbar. Die verlorenen Jahre lassen sich nur schwer wieder aufholen.

Die Behandlung ist seltener erfolgreich. Konnte die Erkrankung über Jahre wachsen und sich im Leben ausbreiten, ist die Behandlung meist viel komplexer und aufwendiger. Deshalb gelingt sie auch oftmals nicht so gut oder dauert länger. Oder die Betroffenen erkranken in der Folge häufiger noch mal. Das eigene Leben macht sie unzufrieden, und das kann weitere psychische Probleme nach sich ziehen.

Was hält uns eigentlich davon ab, auch bei mentalen Beschwerden schnellstmöglich Hilfe zu suchen?

Eine Umfrage unter jungen Menschen zwischen 12 und 21 Jahren aus dem Rheinland ergab eine Vielzahl an Gründen:

Furcht davor, mit den eigenen Gefühlen konfrontiert zu werden. Das ist eine große Hürde, die es sich aber zu nehmen lohnt. Wer sich mit den eigenen Gefühlen auseinandersetzt, lernt etwas über sich, seine Beziehungen und sein Leben. Psychotherapeut*innen sind dazu da, dabei zu helfen und Halt zu geben.

Sorge vor einer negativen Erfahrung mit Psychotherapeut*innen. Klar kann es diese Erfahrungen geben, nicht jeder Mensch ist uns sympathisch, nicht alle können uns wirklich verstehen. Aber: In der Erhebung berichteten zwei von drei Jugendlichen, dass in ihrer Familie schon mal jemand in Psychotherapie war und die große Mehrheit damit positive Erfahrungen gemacht hat.

Angst vor dem Stigma, also der öffentlichen Abneigung gegen-

über psychisch Erkrankten. Das gibt es, aber es sollte uns nicht davon abhalten, uns Gutes zu tun und unsere Gesundheit zu schützen. Je mehr Menschen sich trauen, zu ihren mentalen Problemen zu stehen, umso kleiner wird das Stigma. Viele Promis leben es bereits vor.

Die eigene Ablehnung von psychisch erkrankten Menschen und das Bedürfnis, auf Abstand zu ihnen zu bleiben – also nicht dazuzugehören. Ein seelisches Leiden macht nicht den ganzen Menschen aus. Im Laufe ihres Lebens zählen ein Drittel aller Menschen zu den psychisch Erkrankten – also allein in Deutschland mehr als 27 Millionen. Was macht es, wenn du auch dabei bist? Es ist ja nicht die einzige Gruppe, zu der du gehörst: Du bist auch weiterhin das Kind deiner Eltern, ein Geschwister, eine Fußballspielerin, ein begabter Programmierer, ein guter Freund …

Wer macht eigentlich was? Psycho-Berufe kurz erklärt

- **Psycholog*innen** haben das Fach Psychologie studiert. Sie dürfen Beratungen anbieten, Diagnosen stellen, aber nicht therapieren. Dafür müssen sie eine gesonderte Ausbildung absolvieren.
- **Psychotherapeut*innen** haben Psychologie oder Medizin studiert und dann eine mehrjährige Psychotherapieausbildung absolviert.

- **Psychotherapeut*innen für Kinder und Jugendliche** können auch Pädagogik oder Sozialwissenschaften studiert und dann die Psychotherapieausbildung durchlaufen haben.
- **Psychiater*innen** haben Medizin studiert und dann die Ausbildung zum Facharzt für Psychiatrie absolviert.

Davon zu unterscheiden sind:

- **Heilpraktiker für Psychotherapie.** Sie müssen nur einen Hauptschulabschluss vorweisen, mindestens 18 Jahre alt sein und beim Gesundheitsamt ihrer Region einen Multiple-Choice-Test sowie eine 30-minütige mündliche Prüfung absolvieren. Ein Hochschulstudium in einer passenden Fachrichtung ist nicht Pflicht. Jede*r kann quasi mit Abendkursen zum »Heilpraktiker für Psychotherapie« werden.
- **Mental Coaches.** Diesen Titel kann sich ebenfalls jede*r geben, auch ohne eine Ausbildung im Bereich »Psychische Gesundheit« zu haben. Meist richten sich die Angebote der Mental Coaches an Erwachsene, die unzufrieden sind mit ihrem Leben oder ein ganz konkretes Problem lösen wollen (oft beruflich).

Wo kann ich mich hinwenden, wenn ich Hilfe brauche?

Du kannst

- eine **Beratungsstelle** kontaktieren (meistens für Konflikte oder Probleme in der Familie oder bei Sucht)
- einen Termin für eine **psychotherapeutische Sprechstunde** ausmachen

- **Schulpsycholog*innen** kontaktieren, wenn das Problem sich auf die Schule bezieht
- einen Termin in einer **psychiatrischen Praxis** vereinbaren
- einen Termin in einer **Psychiatrischen Institutsambulanz** machen
- in Notfällen in die **Notaufnahme** jedes Krankenhauses gehen

Couchgeflüster – Was ist Psychotherapie?

Um den Begriff *Psychotherapie* ranken sich viele Mythen und Legenden.

»Dabei liegt man doch nur auf der Couch herum und faselt zur Decke!« Nicht mehr; man sitzt sich gegenüber und spricht über Gedanken, Gefühle und Verhalten, zudem gibt es manchmal auch Rollenspiele oder Aufgaben für den Alltag.

»Psychotherapie ist Gehirnwäsche.« Ganz sicher nicht, niemand wird in der Behandlung »umgedreht« oder zu irgendwas »bekehrt«.

»Psychotherapeut*innen können Gedanken lesen.« Das wäre spannend, stimmt allerdings nicht. Sie lernen in ihrer Ausbildung aber, im Mienenspiel und den Verhaltensweisen von anderen zu lesen, und können daher ahnen, wie es jemandem geht und was eine Person möglicherweise denkt.

»Das ist nur was für reiche Leute.« Nein, denn Krankenversicherungen bezahlen die Behandlung, wenn jemand eine Erkrankung hat.

»Psychotherapie bringt doch nichts!« Weit gefehlt, es

ist wissenschaftlich bewiesen, dass Psychotherapie wirkt – zum Teil genauso gut wie oder besser als Medikamente.

Wie läuft das eigentlich ab?

Wie beim Arzt nehmen die Patient*innen bei einer Psychotherapie auf einem Stuhl oder Sessel Platz. Aber die Behandlung besteht, anders als in der Hausarztpraxis, nicht aus Tabletten, Spritzen oder Verbänden, sondern aus Gesprächen. Eine Sitzung dauert deshalb auch ganze 50 Minuten. Meist wird ein wöchentlicher Termin vereinbart, es kann aber auch öfter sein.

Psychotherapeut*innen stellen viele Fragen und lassen die Betroffenen erzählen. Es geht um ihre Gedanken und Gefühle, um das, was sie erleben und tun – und inwiefern das mit der Erkrankung zusammenhängt.

Weil unsere Psyche sehr viele Komponenten hat und jeder Mensch ganz anders tickt, gibt es auch nicht *die* eine Übung, *das* eine Thema oder *den* einen Dialog, der die Beschwerden lindert. Für eine Besserung braucht es oft viele Sitzungen und viele Gespräche oder Übungen. Psychotherapie kann Monate oder sogar Jahre dauern.

Was passiert in einer Psychotherapie?

Psychotherapie hat das Ziel, dass die betroffene Person gesund wird und wieder besser am Leben teilnehmen kann. Eine Psychotherapie macht aber keinen anderen oder neuen Menschen aus ihr.

Gemeinsam mit dem oder der Therapeut*in arbeitet man an wenig hilfreichen Gedanken, am eigenen Verhalten und der Wahrnehmung sowie dem Fühlen. So lernt man sich selbst besser kennen und verstehen.

Dabei geht es nicht darum, die Betroffenen zu optimieren und sie funktionsfähiger zu machen. Stattdessen lernen sie unter anderem, damit zu leben, wie sie sind und was sie können oder eben nicht können.

Anders als bei manchen Arztbesuchen heißt Psychotherapie aber auch: mit anpacken. Wer mitmacht, mitdenkt, sich öffnet und bereit ist für Veränderungen, kann am meisten davon profitieren.

Welche Therapieformen gibt es? Die gesetzlichen Krankenkassen bezahlen Psychotherapien mit einem der folgenden vier Therapieverfahren. Diese sind nachweislich wirksam.

Analytische Psychotherapie und **tiefenpsychologisch fundierte Psychotherapie**. Beide Verfahren basieren auf den Konzepten von Sigmund Freud, dem Begründer der Psychoanalyse. Die Therapeut*innen arbeiten mit den Patienten einen psychischen Konflikt auf, der oft auf eine Erfahrung in der Kindheit zurückgeht.

Auch, wie Patient*innen sich gegenüber der behandelnden Person verhalten, ist häufig ein wichtiges Thema.

Kognitive Verhaltenstherapie. Seelische Leiden sind erlerntes Verhalten, so lautet die Annahme in der Verhaltenstherapie. In der Behandlung üben Patient*innen daher neue Verhaltensweisen ein und arbeiten an neuen Denkmustern. Dabei helfen Übungen und Rollenspiele. Häufig gibt es Aufgaben für den Alltag zwischen den Sitzungen.

Systemische Therapie. Systemische Therapeut*innen gehen davon aus, dass eine psychische Erkrankung ihren Kern nicht in der betroffenen Person, sondern in der Familie hat, also in einem System von Menschen. Deshalb geht es in den Sitzungen vor allem um das Familiengefüge und das Miteinander darin.

Diese Vorgehensweisen sind aber heute nicht mehr strikt getrennt: Viele Behandler*innen flechten Methoden aus verschiedenen Verfahren in ihre Therapie ein.

Psychotherapie gibt es ambulant und auf Station in einer Klinik. Ambulant bedeutet, dass ein- oder mehrmals pro Woche ein Termin in der Praxis vereinbart wird, aber sonst geht das Alltagsleben wie gewohnt weiter. Die Patient*innen müssen nicht in einer Einrichtung übernachten. Dies ist in der Regel nur bei einer schweren Erkrankung notwendig.

Darf der Therapeut meinen Eltern etwas aus der Behandlung erzählen?

Nein, Psychotherapeut*innen haben Schweigepflicht und dürfen nichts von dem, was du in der Sitzung erzählt hast, an deine Eltern weitergeben. Sie dürfen mit ihnen nur über Gesprächsinhalte der Therapie sprechen, wenn das vorher mit dir abgesprochen ist und du zugestimmt hast.

Kostet Psychotherapie was?

Bei psychischen Erkrankungen bezahlen gesetzliche und private Krankenkassen die Behandlung. Jede Person, die gesetzlich versichert ist, kann in eine psychotherapeutische Sprechstunde gehen und, wenn das notwendig ist, eine Psychotherapie beginnen.

Wer bei einer privaten Krankenkasse versichert ist, sollte dort vorher aber nachfragen, ob und in welchen Umfang eine Psychotherapie bezahlt wird. Das kann sich je nach Vertrag unterscheiden.

Muss ich meine Eltern fragen, wenn ich eine Psychotherapie machen möchte?

Wer jünger als 15 Jahre ist, braucht die Zustimmung der Eltern, um in die Sprechstunde gehen oder eine Behandlung beginnen zu können.

Wer 15 Jahre oder älter ist, kann eine Psychotherapie-

Sprechstunde besuchen und eine Behandlung beginnen, ohne dass die Eltern das wissen.

Schwieriger ist es jedoch bei einer privaten Krankenversicherung. Damit die Kasse die Kosten übernimmt, müssen die Eltern dies beantragen, auch wenn das Kind schon fast volljährig ist. Jugendliche mit privater Versicherung können also nicht ohne Wissen ihrer Eltern in Behandlung gehen.

Wie komme ich an einen Psychotherapieplatz?

Du kannst in eine psychotherapeutische Sprechstunde gehen. Hier loten Psychotherapeut*innen aus, was dich wie stark belastet und wie dir geholfen werden kann.

Profi finden. Zuerst musst du dir eine Praxis für Psychotherapie suchen. Du kannst dafür

- online unter psych-info.de nach Psychotherapeut*innen für Kinder und Jugendliche mit Kassenzulassung gucken,
- deine Krankenkasse um eine Liste mit Psychotherapeut*innen in deiner Umgebung bitten,
- die Terminservicestelle unter 116 117 anrufen und dir einen Termin vermitteln lassen.

Du kannst dich bis zum Alter von 21 Jahren an eine Psychotherapiepraxis für Kinder und Jugendliche wenden. Ab 18 Jahren stehen dir auch Psychotherapeut*innen für Erwachsene zur Verfügung.

Termin machen. Du hast selbst gesucht oder eine Liste vorliegen. Als nächstes vereinbare einen Termin. Oft geht ein Anrufbeantworter ran, sprich einfach drauf. Oder schreib eine E-Mail mit deiner Bitte um einen Termin.

Sprechstunde besuchen. Anders als bei Ärzten dauert eine Sprechstunde in der Psychotherapie 25 oder 50 Minuten. Du kannst insgesamt 5 x 50 Minuten oder 10 x 25 Minuten Sprechstunde in Anspruch nehmen. Es kann sein, dass der oder die Therapeut*in deine Eltern zu einer Sitzung dazubittet oder auch mit ihnen alleine sprechen möchte. Das wird aber vorher mit dir abgeklärt, es passiert nicht ohne dein Einverständnis.

Inhalt einer Sprechstunde. In den Sitzungen prüft der oder die Therapeut*in, welche psychischen Beschwerden vorliegen und wie stark sie sind, und versucht herauszufinden, wie dir am besten geholfen werden kann – was du also brauchst, damit es dir besser geht.

Ergebnis der Sprechstunde. Wenn sich in der psychotherapeutischen Sprechstunde herausstellt, dass du eine Psychotherapie benötigst, beantragen die Therapeut*innen sie gemeinsam mit dir bei der Krankenkasse. Es kann dann noch mal einige Zeit vergehen, bis die Behandlung losgeht.

Am Ende muss es aber nicht immer eine Psychotherapie sein, die am sinnvollsten ist. Manchmal können andere Anlaufstellen besser helfen, etwa:

- **Beratungsstellen**, die sich auf Familien oder auf Sucht spezialisiert haben
- **Psychiater**, die Medikamente verschreiben können
- **Früherkennungszentren**, die psychische Erkrankungen wie Psychosen in sehr frühem Stadium oder noch vor Ausbruch erkennen und behandeln können
- **Nervenärzte**, die sich z. B. mit Erkrankungen der Nervenbahnen auskennen

Wenn nötig, verweist der Psychotherapeut an diese Profis. Wenn du sofort Hilfe brauchst, dann erhältst du schnellstmöglich eine Akutbehandlung in der Praxis. Reicht eine Behandlung in einer Psychotherapiepraxis nicht aus, kann auch ein Aufenthalt in einer Klinik sinnvoll sein. Mehr dazu auf Seite 256.

Good 2 know

Die Chemie muss stimmen. Am wichtigsten für eine erfolgreiche Psychotherapie ist nicht das Therapieverfahren, sondern ob du dich beim Therapeuten oder der Therapeutin wohlfühlst und zu der Person Vertrauen hast. Es hilft, auf das eigene Bauchgefühl zu hören. Kannst du dich der Person gegenüber öffnen?

Um das herauszufinden, beginnt eine Therapie immer mit 4–6 Probesitzungen, in denen ihr euch kennenlernt und du alle möglichen Fragen zur Behandlung loswerden kannst.

Wenn du dich nicht wohlfühlst, kannst du zu einer anderen Praxis gehen.

Möglicherweise kannst du die Behandlung aber nicht dort beginnen, wo du zur Sprechstunde warst, sondern musst dir eine andere Praxis dafür suchen. Das liegt daran, dass zwar jede*r Behandler*in Kapazität für kurze Sprechstunden hat, aber manchmal eben nicht für eine länger andauernde Behandlung.

Das bedeutet, dass du dann erneut auf die Suche gehen musst. Dabei helfen dir wieder die Internetseite psych-info.de oder die Liste deiner Krankenkasse mit Praxen in deiner Umgebung.

Good 2 know

Wartezeiten – und Brücken. Viele Jugendliche brauchen Psychotherapie. Gleichzeitig gibt es nicht überall ausreichend Behandlungsplätze. Deshalb müssen viele längere Zeit auf den Beginn der Behandlung warten. Mitunter vergehen Wochen von der Sprechstunde bis zur ersten Therapiestunde. Es lohnt sich daher, nach Wegen zu schauen, die die Wartezeit verkürzen oder überbrücken können:

Gruppentherapie. Einzeltherapien sind sehr begehrt, dabei ist die Behandlung in Gruppen bei vielen Erkrankungen genauso wirksam – und in einer Gruppe ist eher noch ein Platz frei. In den Praxen nach Gruppenangeboten zu fragen, lohnt also.

Online-Angebote. Psychotherapeutische Apps können hilfreich sein, um das Warten zu überbrücken. Ein Ersatz für eine Psychotherapie sind sie nicht. Außerdem sind die bisherigen zugelassenen digitalen Gesundheitsanwendungen (DiGA) nicht für Jugendliche vorgesehen. Falls du dich aber dafür interessierst, frag in der Psychotherapiepraxis oder bei deiner Krankenkasse nach, ob es Online-Angebote gibt, die du U18 nutzen kannst.

Psychiatrische Institutsambulanz. An vielen psychiatrischen Kliniken in Deutschland gibt es auch ambulante Angebote, die sogenannten Psychiatrischen Institutsambulanzen (PIA). Manche haben sich auf bestimmte Erkrankungen von Kindern oder Jugendlichen spezialisiert und bieten Sprechstunden dafür an, zum Beispiel für ADHS, Sucht oder Depressionen. Gerade, wenn die Erkrankung schwerer scheint, lohnt es sich, hier nach einem Termin zu fragen.

Drinnen statt draußen – Was passiert in der psychiatrischen Klinik?

Nicht alle Erkrankungen lassen sich daheim kurieren, das gilt für körperliche wie für psychische Probleme. Für solche Fälle gibt es Krankenhäuser, wo für einige Tage oder auch länger rund um die Uhr Hilfe zur Verfügung steht. Bei mentalen Erkrankungen sind das psychiatrische Kliniken.

Im Jahr 2021 wurden rund 80000 Kinder und Jugendliche zwischen 10 und 17 Jahren aufgrund von seelischen Leiden in einer Klinik behandelt. Das sind genauso viele wie wegen Verletzungen oder Vergiftung.

Wann ist die Behandlung in der Klinik sinnvoll?

Bei Kindern und Jugendlichen versuchen Fachleute, die Behandlung, wenn irgend möglich, in den normalen Alltag einzubinden, also ambulant zu therapieren. Das geht aber nicht immer.

Manchmal ist eine psychische Last so schwer, dass es nur hilft, den Alltag auf Pause zu schalten und sich einfach nur um sich und seine Gesundheit zu kümmern. Manche Erkrankungen machen einen Alltag sogar unmöglich. Dann müssen Betroffene erst einmal so gesund werden, dass normale Aktivitäten überhaupt wieder bewältigt werden können. Dass Denken, Fühlen und Handeln in Balance kommen.

Einige Erkrankungen können zudem dazu führen, dass Betroffene sich selbst in große Gefahr bringen (zum Beispiel bei Magersucht oder Suizidgedanken) oder gegenüber anderen aggressiv werden (zum Beispiel bei einem Verfolgungswahn). Auch dann ist die Behandlung in einer Klinik nötig.

Verzerrte Vorstellungen. Klapse, Anstalt, Irrenhaus: Die Begriffe für Kliniken, in denen Menschen mit psychischen Erkrankungen behandelt werden, zeigen schon, wie es um deren Ruf steht: Schlecht. Dazu haben vor allem Filme und Bücher beigetragen, die solche Einrichtungen als chaotische Schreckensorte mit wilden, herumschreienden Personen darstellen. Es gab Zeiten, da hat das vielleicht mal zugetroffen. Aber psychiatrische Kliniken haben sich längst weiterentwickelt. Der Alltag dort ist heute weniger filmreif – schließlich sind es Orte, an denen Menschen Heilung finden sollen.

Die Hemmung, in eine Klinik zu gehen, ist oft groß. Aber warum? Wer einen schweren Unfall hatte, ist für einige Zeit im Krankenhaus viel besser aufgehoben als daheim. Hier kann alles in Ruhe heilen, Profis gucken jeden Tag vorbei und helfen mit den Wunden, bieten Physiotherapie an und geben, wenn nötig, Medikamente. So ist es auch bei seelischen Leiden.

Ins Krankenhaus zu gehen, ist ein großer Schritt. Wer das tut, gesteht sich damit ein, dass wirklich etwas in Schieflage ist.

Aber es ist zugleich ein Schritt in Richtung Besserung. Und wenn es die einzig wirksame Maßnahme ist, um danach wieder besser im Leben zurechtzukommen, dann ist sie doch sehr sinnvoll. Es ist ein Schritt nur für sich und das eigene Leben.

Klinikfinder der Deutschen Gesellschaft für Kinder- und Jugendpsychiatrie und Psychotherapie

dgkjp.de/die-dgkjp/klinikfinder/

Was passiert in einer psychiatrischen Klinik?

Jeder Tag folgt einem geregelten Ablauf. Mahlzeiten, Therapieprogramm und Freizeit wechseln sich nach einem festen Stundenplan ab.

Die Behandlung besteht aus mehreren Teilen: Psychotherapie, Bewegungsangebote wie Sport oder Tanz, Gruppentherapie mit anderen Jugendlichen, dazu eventuell Musik oder Kunst sowie Ausflüge. Auch Schulunterricht gehört oft zum Tagesablauf dazu.

Wenn nötig erhalten Patient*innen Medikamente. Familie und Freund*innen dürfen zu Besuch kommen. In manchen Kliniken wohnen mehrere Jugendliche in einer Art Wohngemeinschaft und dürfen zum Beispiel selber kochen.

Klinik light: Manche Krankenhäuser bieten auch eine Behandlung in einer Tagesklinik an. Dort wird tagsüber ein Behandlungsprogramm wie bei einem Klinikaufenthalt angeboten, zum Beispiel von 9–16 Uhr. Danach können jedoch alle nach Hause gehen. Am nächsten Morgen geht die Behandlung weiter.

Kostet das was?

Den Aufenthalt in einer Klinik bezahlen in der Regel gesetzliche oder private Krankenversicherungen.

Dies gilt nicht für Privatkliniken, die keine Kassenzulassung haben. Wer sich in einer solchen Klinik behandeln lassen möchte, zum Beispiel einer, die sich auf Essstörungen oder Suchterkrankungen spezialisiert hat, sollte vorab bei der Krankenkasse anfragen, welche Kosten diese übernimmt. Mitunter müssen große Teile der Therapie selbst bezahlt werden.

Pillen für die Psyche – Was können Medikamente?

In jeder Schulklasse sitzt im Schnitt eine Person, die Medikamente gegen seelische Beschwerden erhält.

Es gibt unter anderem Mittel gegen

- Depressionen
- Ängste
- Schlafstörungen
- ADHS
- Psychosen

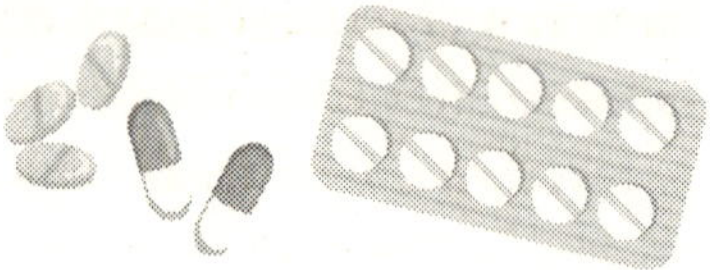

Diese Medikamente heben die Stimmung, dämpfen die Angstgefühle, machen schläfrig, sorgen für innere Ruhe oder verdrängen Halluzinationen.

Aber: Viele davon sind vor allem an Erwachsenen erprobt und nicht an Kindern oder Jugendlichen. Deshalb gibt es insgesamt nur wenige Medikamente für die Psyche, die offiziell für Jugendliche zugelassen sind.

Wann sind Medikamente sinnvoll?

Sowohl begleitend zu einer ambulanten Psychotherapie als auch in einer Klinik kann es notwendig sein, dass Ärzte/Ärztinnen zusätzlich zur eigentlichen Behandlung Medikamente verschreiben. Das geschieht vor allem dann, wenn die Beschwerden stark sind und schnell eine Verbesserung erreicht werden muss.

Medikamente sollten aber bei Jugendlichen nie das einzige Behandlungstool sein. Nur auf sie zu setzen, genügt nicht. Mit Tabletten geht es den Betroffenen oft schnell besser. Wird das Medikament dann wieder abgesetzt, können die Beschwerden aber zurückkommen.

Psychotherapie braucht zwar einige Zeit, bis sie wirkt und sich Dinge verändern, dafür halten die Erfolge meist länger an. Sie sollte deshalb immer parallel zur Behandlung mit Arzneimitteln erfolgen.

Wie viel kann ich bei Medikamenten mitreden?

Wer mindestens 15 Jahre alt ist, kann darüber mitentscheiden, ob er oder sie Medikamente gegen eine psychische Erkrankung einnehmen möchte. Du kannst also mit 15 Jahren zum Arzt gehen und um ein Medikament bitten, aber auch eines ablehnen – selbst, wenn die Eltern dafür wären, es zu nehmen.

Kostet das was?

Medikamente gegen psychische Erkrankungen werden üblicherweise von der Krankenkasse bezahlt. Manchmal verordnen Ärzte/Ärztinnen aber Mittel, die nicht offiziell für Jugendliche zugelassen sind. Mitunter müssen Versicherte einer gesetzlichen Krankenkasse dann etwas zuzahlen.

Voll die Krise – Wohin kann ich mich wenden?

Es muss nicht immer eine seelische Erkrankung sein, die einen bedrückt und sich tonnenschwer auf die eigenen Schultern legt. Manchmal sind es massive Konflikte in der Familie oder eigene Probleme mit der Schule, mit Drogen oder einer bestimmten Lebenssituation.

Und nicht jede*r möchte gleich beim Psychotherapeuten oder Psychiater vorsprechen.

Dafür gibt es Beratungsstellen. Sie haben oft unterschiedliche Schwerpunkte, zum Beispiel:

- Familienberatung
- Suchtberatung
- Schuldnerberatung
- Psychologische Beratung
- Schwangerschaftsberatung

Die meisten bieten gezielt Termine oder Sprechstunden für Jugendliche an.

Hier geht es dann nicht um Therapie, sondern darum, konkrete Probleme zu lösen oder sich in schwierigen Situationen Rat zu holen, und zwar bei einer Person, die sich mit dem Thema gut auskennt.

In eine Beratungsstelle kannst du gehen, ohne dass die Eltern das wissen. Du musst keinen Namen sagen und keine Versichertenkarte dabeihaben.

Beratungsstellen-Finder

dajeb.de

Beratung im Internet

Auch im Internet gibt es zahlreiche Beratungsangebote für Jugendliche. Sie sind kostenlos und auf Wunsch auch anonym. Zum Beispiel:

- **U25** – Mailberatung für unter 25-Jährige in (suizidalen) Krisen: www.u25-deutschland.de
- **Junik** – Hilfsangebote für junge Menschen in Krisen: www.junik-berlin.de
- **Nummer gegen Kummer** – Beratung für Kinder und Jugendliche: www.nummergegenkummer.de
- **Jugendnotmail** – Online-Beratung für Jugendliche: www.jugendnotmail.de

KAPITEL 7
DIE HAND REICHEN

Oder: Wie kann ich anderen helfen?

Wir sollten uns verpflichten, andere danach zu fragen, ob es ihnen gut geht.
(Meghan Markle, Schauspielerin)

Was wir alle tun können

Hinsehen. Ansprechen. Zuhören.

Oder zumindest Rücksicht nehmen.

Wenn jemand einen platten Reifen hat, dann sagen wir ganz ohne Zögern Sätze wie »Ach Mist, das ist ja ärgerlich« oder »Kann ich dir irgendwie helfen?«. Oder wir verzichten auch auf unsere Radfahrt nach Hause und gehen ein Stück gemeinsam mit der Person und ihrem platten Rad.

Wenn jemand in unserem Umfeld mentale Probleme hat oder gar erkrankt ist, dann braucht es eigentlich erst mal nichts anderes. Eine Prise Mitgefühl, ein ehrliches Hilfsangebot, oder einfach nur da sein.

Wer mit offenen Augen durch die Welt geht, nimmt auch eher wahr, wie es anderen geht und ob jemand sich verändert hat.

Wer jemanden auf ein mögliches Problem anspricht, signalisiert: »Ich sehe dich.«

Wer zuhört, was die andere Person umtreibt, zeigt gleichzeitig: »Ich bin für dich da.«

Das allein kann schon eine große Erleichterung für jemanden mit mentalen Leiden sein.

Wenn du das Gefühl hast, jemandem geht es nicht gut oder die Person hat sich sehr verändert, dann kannst du sie darauf ansprechen. Vorsichtig und respektvoll. Frag dich vorher mal selbst: Wie sollte jemand anderes dich in so einem Moment ansprechen? Was würde dir guttun?

Hab Geduld. Über psychische Probleme zu sprechen fällt vielen sehr schwer. Nicht jede*r öffnet sich gleich, wenn er oder sie angesprochen wird. Aber das Signal ist gesendet: Du bist da und würdest zuhören.

Good 2 know

Gespräche über Probleme. Wenn du eine Person darauf ansprechen möchtest, ob es ihr gut geht oder ob sie Probleme hat, braucht das einen angemessenen Rahmen und ein paar Kniffe für die Kommunikation.

Safe Space. Ihr solltet zu zweit sein und irgendwo, wo keiner euch stören kann. Am besten ist ein Ort, wo die Person sich wohlfühlt.

Zeit nehmen. Sprich nur jemanden an, wenn du dir

auch wirklich ausreichend Zeit nehmen willst. Solche Gespräche dauern oft länger.

Ton treffen. Achte auf deine Lautstärke und den Tonfall im Gespräch. Eine ruhige Sprechweise ist ideal.

Erste Worte. Ein simples »Wie geht es dir?« kann schon der Einstieg sein. Bleib in der Ich-Form, wenn du sagst, was dir aufgefallen ist. »Ich habe das Gefühl, es geht dir nicht so gut ...«

Ohne Wertung. Versuch nicht über die Veränderung der Person zu urteilen. Sprich davon, dass du dir Sorgen machst oder dir etwas aufgefallen ist, du etwas beobachtet hast.

Ratschläge lieber weglassen. Gib keine Ratschläge, wenn du nicht danach gefragt wirst. Sätze wie »Das wird schon wieder« oder »Reiß dich mal zusammen« sind nicht hilfreich. Sie können sogar verletzen. Die andere Person kann das Gefühl bekommen, nicht ernst genommen zu werden.

Distanz wahren. Umarmungen oder sich sehr nahe setzen, ist oft für die angesprochene Person nicht so angenehm, es sei denn, ihr seid enge Freunde oder Familie. Eine Hand auf der Schulter ist eventuell okay, das kann trösten.

Geduld haben. Über sich und seine Probleme zu sprechen, ist schwierig. Nicht immer finden sich gleich die richtigen Worte. Gib deinem Gegenüber Zeit zu sagen, was er oder sie sagen möchte, grätsche nicht in die erste Sprechpause hinein.

Im Hintergrund bleiben. Wenn sich jemand öffnet, ist es

hilfreich, wenn du dich mit eigenen Lebensgeschichten und Erfahrungen zurückhältst. Die andere Person soll möglichst viel Raum erhalten für sich und die eigenen Probleme.

Ablehnung aushalten. Wenn jemand das Gespräch ablehnt, nimm das nicht persönlich. Es kann viele Gründe dafür geben. Die Person war vielleicht noch nicht so weit oder das Vertrauen zwischen euch reichte nicht aus. Dräng dich nicht auf. Teile mit, dass du trotzdem da bist, wenn er oder sie es sich anders überlegt und gerne jemanden zum Reden hätte.

Jemandem mit psychischen Problemen helfen zu wollen, heißt nicht, ihn oder sie heilen zu müssen. Es geht eher darum, eine Hand zu reichen oder ein Ohr zu leihen. Wenn professionelle Hilfe nötig und gewünscht ist, kannst du auch dabei Unterstützung anbieten.

Erste Hilfe in seelischen Krisen

Verband anlegen, Herzdruckmassage, stabile Seitenlage: Spätestens, wenn wir den Führerschein machen, müssen wir diese Handgriffe in einem Erste-Hilfe-Kurs lernen. Sie können Leben retten, wenn zum Beispiel jemand einen Unfall hatte.

Was wir tun können, wenn jemand in einer psychischen Notlage ist, das wird uns in solchen Kursen meist nicht vermittelt.

Dabei gibt es ein paar Kniffe, die jede*r lernen kann.

Was ist überhaupt eine Krise?

Die Auslöser können ganz verschieden sein: Deine Eltern wollen sich trennen. Dein Bruder oder deine Schwester ist schwer krank. Du fliegst von der Schule. Heftiger Liebeskummer. Mobbing. Das kann dich emotional aus der Bahn werfen, aber muss nicht immer gleich Teil einer psychischen Erkrankung sein. Krise heißt nicht gleich Erkrankung. Aber Krisen können eine psychische Erkrankung auslösen – bis hin zu Gedanken an einen Suizid.

Und was mach ich dann?

Gefährdet jemand sich selbst oder andere in einer psychischen Krise – oder droht damit –, solltest du die Polizei (110) oder den Notarzt anrufen (112).

Droht jemand, sich hier und jetzt das Leben zu nehmen, lass ihn oder sie nicht allein. Suizide lassen sich verhindern. Biete der Person deine Hilfe an und empfehle professionelle Unterstützung. Lehnt jemand das ab, ruf einen Krisendienst an und lass dich beraten.

Ist die Lage schlimm, aber nicht ganz so drängend, kannst du dich ebenfalls bei einem Krisendienst beraten lassen, was zu tun ist, z.B. beim Jugendnotdienst.

Ersthelfer werden In Deutschland bildet das Projekt *Mental Health First Aid* Ersthelfer für psychische Notfälle aus. Es gehört zum Zentralinstitut für seelische Gesundheit in Mannheim. Kurse gibt es bundesweit, auch online.

Mental Health First Aid

mhfa-ersthelfer.de

Ganz nah. Angehörige von Erkrankten

Wenn jemand psychisch erkrankt, sind die Familie sowie Freundinnen und Freunde davon mitbetroffen. Auch sie belastet die Erkrankung, sie müssen ebenfalls damit umgehen lernen, dass es einem Menschen schlecht geht, der ihnen so nahesteht.

Der Alltag verändert sich, wenn ein Familienmitglied seelisch erkrankt. Oft passen sich Kinder und Jugendliche schnell an die neue Situation an. Sie fahren eigene Bedürfnisse zurück, versuchen, unauffällig zu bleiben, keinen Ärger zu machen. Manche funktionieren dann einfach nur noch.

Viele entwickeln das Gefühl, für Mutter, Vater oder Geschwister verantwortlich zu sein – und werden schneller erwachsen.

Nicht selten überfordert die Situation aber, und die neue Lage fühlt sich an wie ein tonnenschwerer Rucksack, der täglich mit herumgeschleppt werden muss.

Auch Angehörige von psychisch Erkrankten können sich Hilfe und Unterstützung suchen. Es gibt Vereine, die nur für sie da sind, und Beratungsstellen, die ein offenes Ohr für sie haben.

Kinder psychisch Erkrankter

Wenn Mutter oder Vater seelisch leiden, dann spürt die ganze Familie das unmittelbar, auch die Kinder. Sie sehen, wenn die Mutter morgens nicht aufsteht. Merken, wenn das Abendbrot öfter ausbleibt oder nur noch aus Fertigessen besteht. Spüren, wenn der Vater besonders gereizt ist.

In Familien mit Suchterkrankungen erleben Kinder tagtäglich, wie Mutter oder Vater neben sich stehen. Sie erleben mit, wie die Eltern streiten, Pullen verstecken, gekündigt werden, nicht mehr weiterwissen.

Über Familien mit einem depressiv erkrankten Elternteil schwebt manchmal ein dichter, dunkler Schleier. Stimmung kann anstecken, und wenn beispielsweise die Mutter in tiefer Schwermut feststeckt, dann schlägt sich das auch in der Atmosphäre daheim nieder.

Massive Ängste von Vater oder Mutter können sich ebenfalls auf die Kinder übertragen. Manche Jugendliche gehen verunsichert oder sogar voller Angst durch die Welt, weil sie daheim das Gefühl vermittelt bekommen haben, dass sie gefährlich ist.

Etwa jedes vierte Kind oder Jugendlicher in Deutschland lebt mit einem Elternteil zusammen, der mental erkrankt ist.

Ihnen fehlt im Alltag oft ein Elternteil, der mitmacht und für sie da ist. Nicht selten übernehmen die Kinder (egal welchen Alters) Aufgaben der Eltern. Manche kümmern sich um die Geschwister, andere übernehmen die Einkäufe oder das Kochen. Sie schmeißen den Haushalt. Schnell kann das Helfen-Wollen, das oft automatisch in Kindern von psychisch Erkrankten aufkommt, zur Last werden und sie überfordern.

Einen Teil im Haushalt beitragen ist natürlich völlig okay. Aber immer, wenn die eigenen Bedürfnisse nach Ruhe, Freizeit, Freiheit, Hobbys oder Schulaufgaben zu kurz kommen, weil Kinder oder Jugendliche Elternaufgaben zu erledigen haben, dann ist das eine Schieflage – und sollte so nicht sein.

Eine rote Linie ist erreicht, wenn Eltern sich mit eigenem Kummer an die Kinder wenden, sich dort ausheulen oder über den anderen Elternteil auslassen. Gelegentliche ehrliche Gespräche über die eigenen Gefühle sind in Ordnung, aber Jugendliche sollten nicht die tröstende Schulter oder der Kummerkasten ihrer Eltern sein.

Good 2 know

Was hilft mir, wenn ein Elternteil erkrankt ist? Fachleute geben ein paar Tipps, was in solchen Fällen die Psyche schützt. Die Bundespsychotherapeutenkammer listet auf:

Es hilft

- wenn die Eltern in Behandlung sind
- zu wissen, dass du keine Schuld an der Erkrankung der Mutter oder des Vaters hast
- das Gefühl zu haben, von den Eltern geliebt zu werden

- eine enge Beziehung zu anderen Erwachsenen zu haben, etwa zu einer Tante, einer Lehrerin oder den Großeltern
- Freizeitaktivitäten nachzugehen, bei denen du andere im gleichen Alter triffst
- gute Freund*innen zu haben
- wenn die Familie zusätzlich Unterstützung erhält, etwa durch Sozialarbeiter*innen, vom Jugendamt oder einem Paten/einer Patin.

Initiative für Kinder psychisch Erkrankter (netz-und-boden.de)

Geschwister von Erkrankten

Trifft es Bruder oder Schwester, dreht sich der Alltag vor allem um sie. Klar, Mutter und Vater wollen, dass es dem kranken Kind besser geht. Automatisch geraten die gesunden Kinder dann oft aus dem Blick. Viele verhalten sich unauffällig und sehr angepasst, um den Eltern keinen weiteren Stress zu machen. Sie sind oft gute Schüler*innen und versuchen, daheim die Stimmung zu heben.

Gleichzeitig machen sich Geschwister Sorgen um Bruder oder Schwester, möchten helfen. Aber Gespräche mit Psychotherapeut*innen von den erkrankten Geschwistern sind meist nur für die Eltern vorgesehen, Infoabende in Kliniken auch.

Die Eltern darauf anzusprechen und darum zu bitten, mehr einbezogen zu werden, kann helfen. Sie übersehen oftmals schlichtweg, dass jugendliche Geschwister nicht außen vor bleiben wollen.

Angst, selber zu erkranken. »Wenn mein Vater das hat, dann bekomme ich das sicherlich auch.«

»Meine Schwester ist betroffen, dann bin ich auch bald dran.«

Die Sorge, selbst zu erkranken, ist weit verbreitet unter Kindern oder Geschwistern von psychisch Erkrankten. Und sie ist nicht ganz unberechtigt. Sie haben tatsächlich ein höheres Risiko, selbst krank zu werden.

Aber das Risiko ist dennoch viel kleiner als oft befürchtet.

Gesund leben. Ein Risiko in sich zu tragen, ist nicht dasselbe, wie definitiv krank zu werden. Das Risiko lässt sich durch den eigenen Lebensstil beeinflussen, also auch senken.

Wahrscheinlichkeiten nicht überschätzen. In einem Jahrgang mit 120 Schülerinnen und Schülern leben 30 in einem Haushalt mit einem psychisch erkrankten Elternteil. Ungefähr zehn von ihnen erkranken später selbst. Mindestens 20 von ihnen bleiben aber gesund.

Selbsthilfeverein
Geschwisternetzwerk
geschwisternetzwerk.de

Sich selbst umsorgen. Egal ob Bruder, Tochter oder bester Freund: Wenn Menschen aus unserem engen Kreis psychisch erkranken, dann wollen wir für sie da sein. Gleichzeitig kann es uns selbst herunterziehen, wenn es der Person schlecht geht oder sie anders ist als früher.
Deshalb raten Fachleute immer, auf sich selbst achtzugeben. Es ist gut, dich um jemanden zu kümmern, aber du musst zuallererst umso aufmerksamer auf dich selbst aufpassen. Angehörige sollten sich ohne schlechtes Gewissen Freizeit und schöne Momente gönnen.
Denn nur wer selbst mental fit und gesund ist, kann einer anderen Person wirklich helfen.

Freund*innen von Erkrankten

Sie sind so was wie Familie plus. Wissen alles über uns, verstehen uns, auch ohne Worte. Enge Freundinnen und Freunde tun uns gut.

Wenn es um Psychotherapie oder einen Klinikaufenthalt geht, sind sie allerdings außen vor. Dennoch können sie ihren erkrankten Freund*innen zur Seite stehen: Sie können offen sein für Gespräche über psychische Gesundheit.

Erzähl mal was! Was konkret in der Behandlung passiert, muss niemand erzählen, Freundschaft hin oder her. Das ist superpersönlich und etwas, das im Praxisraum bleibt und bleiben darf. Du kannst eine Freundin natürlich darauf ansprechen, wie die Behandlung läuft und was sie da genau macht. Aber wenn sie dann nicht davon berichten will, dann ist das total in Ordnung – und keinesfalls ein Zeichen für mangelndes Vertrauen.

Bundesverband Angehörige psychisch Erkrankter
bapk.de

Zum Schluss

Olympiasieger, Oscar-Gewinnerinnen, weltberühmte Prominenz. Dein Skate-Kumpel, deine große Liebe, der ältere Herr im Kiosk. Psychische Erkrankungen können jede und jeden treffen, auch dich. Zu wissen, wie sie entstehen, was sie ausmacht und was man dann tun kann – für andere und sich selbst –, kann Kraft geben. Es kann Leben verbessern und retten.

Wenn wir alle offener damit umgehen und darüber sprechen, wann immer wir psychische Probleme haben, nimmt das eine große Last von unseren Schultern. Gleichzeitig macht es Betroffenen leichter, sich Hilfe zu suchen oder Hilfe zu erhalten.

Reden wir über psychische Gesundheit. Das ist der wohl beste Puderzucker.

EINFACH MAL: DANKE!

Mein größter Dank gilt den Jugendlichen, die mich an ihren Gedanken über psychische Gesundheit teilhaben ließen sowie sehr aufmerksam und kritisch Teile des Buches vorab gelesen haben. DANKE! an Emma, Paul und Karl. Vor allem danke ich Sora, die dieses Buch auf so viele Weisen beeinflusst hat – und unsere Welt durch ihr mitfühlendes Wesen sehr bereichert.

DankeDankeDanke natürlich auch an die Erwachsenenriege, die mich mit Zeit (Nächte!), Kritik und Fachwissen unterstützt hat: Gregor, Inga, Jennifer, Rüdiger, Saskia und Winnie.

ZITATE

Zitat S. 15: Glenn Close, aus ihrem Artikel *Mental Illness: The Stigma of Silence*, Huffington Post, 18. März 2010. Übersetzt von der Autorin.

Zitat S. 21: Prinz Harry, aus einer Rede vor Veteranen 2017, zitiert nach einem Artikel von Helen William, Huffington Post, 16. 3. 2017. Übersetzt von der Autorin.

Zitat S. 181: Mel Robbins auf Twitter (heute X), 17. 11. 2018. Übersetzt von der Autorin.

Zitat S. 242: aus: Steven Gould, *Jumper*. Übersetzt von der Autorin.

Zitat S. 264: Meghan Markle, aus ihrem Artikel *The Losses We Share*. New York Times, 25. 11. 2020. Übersetzt von der Autorin.

Quellenauswahl

Links zu den wichtigsten erwähnten Studien und Umfragen in der Reihenfolge ihrer Nennung:

Robert-Koch-Institut: DEGS, 2012. Studie zur Gesundheit Erwachsener in Deutschland

Bundeszentrale für gesundheitliche Aufklärung: Neunte Welle der BZgA-Studie »Jugendsexualität« 2020

Bitkom Research: Durchschnittliche tägliche Nutzungsdauer von Smartphones in Deutschland im Jahr 2023 nach Altersgruppe

Daniela Schwarz et al.: *The Effect of a 1-Week Abstinence From Instagram on Mental Health in Youth and Young Adults.* Kindheit und Entwicklung, 31/4, 2022

Heide Möller-Slawinki: Repräsentativumfrage unter Jugendlichen für BARMER 2022/2023. Sinus-Institut (»Sinus Jugendstudie 22«)

ES GIBT KEIN ENTRINNEN!

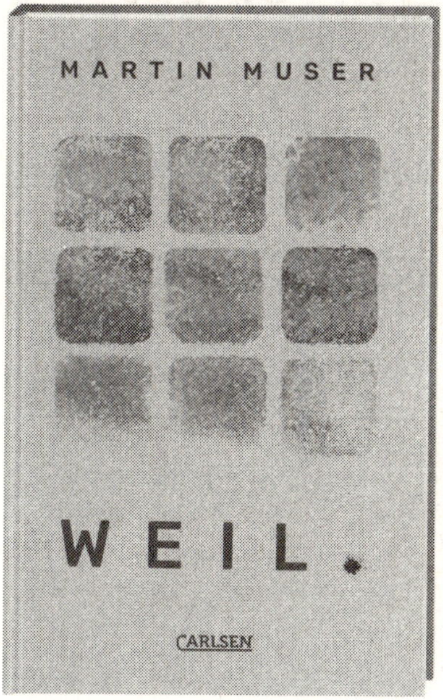

Martin Muser
ES GIBT KEIN ENTRINNEN!
Hardcover
128 Seiten
ISBN 978-3-551-58493-9
Auch als E-Book erhältlich

EIGENTLICH FÄNGT ALLES GANZ HARMLOS AN: Fünf Jugendliche fahren in ein Haus auf dem Land, um dort fürs Abi zu lernen. Auf dem Weg nehmen sie einen jungen Anhalter mit, der ihnen schon bald auf die Nerven geht. Kurzerhand lassen sie ihn an der nächsten Tankstelle stehen, seine Tasche werfen sie später einfach aus dem Fenster. Ein verhängnisvoller Fehler. Denn am nächsten Morgen steht der Anhalter plötzlich vor ihrer Tür – in Begleitung zweier junger Männer. Sie dringen ins Haus ein und fangen an, die Jugendlichen zu tyrannisieren. Ein perfides Spiel um Macht, Gewalt und Angst beginnt …

WWW.CARLSEN.DE

CARLSEN